COLLECTION FICTIONS

De voyages et d'orages de Raymond Lévesque
est le cinquantième titre de cette collection.

DU MÊME AUTEUR

Quand les hommes vivront d'amour, Éditions de l'Arc, 1968.
Au fond du chaos, Éditions Parti pris, 1971.
Le malheur a pas de bons yeux, Éditions de l'Homme, 1971.
Bigaouette, Éditions de l'Homme, 1971.
On veut rien savoir, Éditions Parti pris, 1974.
Le temps de parler, Éditions Fides, 1977.
Électrochoc, Éditions Guérin, 1981.
C'est à ton tour René mon cher, Éditions Guérin, 1984.
D'ailleurs et d'ici, Éditions Leméac, 1987.
Quand les hommes vivront d'amour..., chansons et poèmes, Éditions de l'Hexagone, coll. Typo, 1989.
Lettres à Éphrem, propos humoristiques, Éditions de l'Hexagone, 1989.

RAYMOND LÉVESQUE

De voyages et d'orages

récits

l'HEXAGONE

Éditions de l'HEXAGONE
900, rue Ontario est
Montréal, Québec H2L 1P4
Téléphone: (514) 525-2811

Maquette de couverture: Claude Lafrance
Illustration de couverture: Marie-Marine Lévesque

Photocomposition: Les Ateliers C.M. inc.

Distribution: Diffusion Dimedia inc.
539, boulevard Lebeau
Saint-Laurent, Québec H4N 1S2
Téléphone: (514) 336-3941; télex: 05-827543

Dépôt légal: quatrième trimestre 1990
Bibliothèque nationale du Québec
Bibliothèque nationale du Canada

1

Paulo Couture

Il y a rien, dans le monde, comme un penseur pour en jaser un coup. Quand il s'ouvre la trappe, les autres se la ferment. Alors, quand Paulo commençait à défiler ses grandes théories, les autres écoutaient, un point, c'est tout. Et pas d'obstinage. Un penseur n'admet jamais qu'un autre pense autrement. La vérité c'est lui et ça finit là. Le monde est après péter, disait-il. C'est le bordel... la grande confusion partout. Tout fout le camp. On est après s'empoisonner ben raide. L'homme est un agriculteur, un artisan. Il n'aurait jamais dû aller plus loin. Aussitôt qu'il s'est mis à fouiller dans les connaissances, ça été pour courir à sa perte. Toutes ces maudites usines, ces mufflers, ce synthétique, ce chimique, et ces pilules pour dormir, c'est la mort de l'espèce humaine. «T'es pas réaliste», disaient certains. Ça c'est l'argument de base de tous les contradicteurs. «T'es pas réaliste.» C'est quoi ça, «être réaliste»? répliquait Paulo. C'est accepter toute cette marde pour des raisons économiques? L'économie, c'est rien qu'une invention des voleurs pour fourrer le monde et s'emplir les poches. Et patati... et patata... Je vous dis que ça y allait, que ça passait par là. En tous les cas, veut, veut pas, les gens écoutaient et puis jonglaient. «Le jonglage» est le début de la sagesse, a dit un gars. Japper c'est bien beau, mais quand il y a seulement que dix personnes ça va jamais loin. C'est pourquoi qu'à un moment donné, Paulo, encouragé par une couple d'admirateurs, avait décidé de louer une salle pour faire une conférence. C'est ainsi qu'il s'était ramassé à la salle du Plateau du parc Lafontaine. C'était une place qui avait fait son temps avec des bancs sur la bum et des murs dans le même genre, mais ça faisait rien parce que c'était pas cher et bien situé. Avec une couple d'affiches et du bouche à oreille, le soir dit, il y avait au moins une centaine de personnes. Ce qui était pas pire pour des débuts, en plus qu'il n'était pas connu. Alors il commença à exposer ses grandes théories: l'industrie, le commerce, la pollution, un monde de voleurs, etc. Si tout d'abord il se sentit nerveux, dans le feu de la parole cela se dissipa rapidement. Et personne ne vit passer le temps. On ne peut pas se faire bardasser les idées et voir passer le temps en même temps. C'est impossible. Ou bien vous n'écoutez pas et vous le voyez passer; ou bien vous écoutez et celui-ci n'existe plus. Pour terminer il fit son fameux exposé sur la guerre et les valeurs militaires: l'Honneur, le Devoir, le Drapeau, la Patrie. Là, il touchait à une corde sensible. Si bien qu'après la conférence il y avait un gars qui l'attendait à la porte. Un ancien soldat qui avait fait le débarquement en Normandie, l'Italie, la Hollande, les Ardennes, le yable dans la cabane. Alors de se faire dire que tout ça c'était de la *bull-shit,* qu'il s'était fait fourrer, lui avait fortement déplu. Aussitôt qu'il aperçut Paulo, il partit dans un gueulage du tabarnacle à ameuter toute une paroisse. D'ailleurs, ce ne fut pas long que se rassemblèrent quelques curieux. Le gars ayant l'air plutôt violent, Paulo, pacifique de nature, recula de quelques pas pour se retrouver adossé au monument de Louis Francœur situé à deux pas de là. Attrapant au vol cette occasion inespérée, il s'écria: LOUIS FRANCŒUR! Ses agresseurs s'arrêtèrent brusquement, méfiants, sur leurs gardes, prouvant par là, une fois de plus, que devant l'inconnu l'homme cesse d'avancer et se prépare à déguerpir. Louis Francœur, reprit-il, voilà un homme, s'il en fut, qui comprit tous les mensonges, toutes les fourberies qui se cachent derrière le Drapeau, l'Honneur, la Patrie. Ce ne sont là que des ressorts faits pour réveiller les instincts sanguinaires qui sommeillent en chacun et qui n'attendent que l'occasion. Pendant que ses détracteurs s'interrogeaient sur le sens du mot «fourberie» et que même un d'entre eux avait sorti un petit dictionnaire de poche, nous en profitâmes pour déguerpir. À partir de cette première conférence, Paulo fut un homme repéré. À chacun de nos déplacements, il y avait un grand slack, avec un chapeau feutre, qui lui collait au cul. Un genre d'agent secret que n'importe qui pouvait facilement reconnaître à cent pieds. S'il marchait vite, l'autre pressait le pas, s'il ralentissait, il faisait de même. Dans un restaurant, il s'assoyait à une table voisine; dans un parc, sur le banc d'à côté. Au bout d'un moment, écœuré, Paulo lui demanda ce qu'il avait à le suivre. Il fit l'innocent. Et tout le monde sait qu'un agent de la RCMP qui fait l'innocent a toujours l'air deux fois plus coupable que le vrai coupable. Même qu'un vrai policier le remarqua et se mit à le suivre. S'apercevant que de suiveux il était suivi, il attira le policier dans une ruelle pour lui montrer ses papiers d'agent secret. Celui-ci s'excusa, mais continua quand même à le suivre pour apprendre comment suivre un gars sans se faire remarquer. Intrigué, un autre policier se mit aussi à suivre son confrère, pour voir qui il suivait, puis un autre, puis un autre, si bien qu'en peu de temps, ils étaient dix à se suivre à la queue leu leu. Celui en tête, s'apercevant de la chose, demanda au second qu'est-ce qu'il avait à le suivre. C'est pour apprendre, répondit-il. Mais s'apercevant à son tour qu'il était suivi également, il posa la même question. «C'est pour savoir qui tu suis.» Je suis l'homme qui a vu l'homme qui a vu l'homme qui a vu l'ours, répondit-il. Quoi! il y a un ours dans le bout? Et dans l'instant même ils avaient tous disparu. Cela se répéta une dizaine de fois. Mais ce n'était pas toujours un ours. Parfois une bête puante, un chien enragé ou un chat de mauvais poil. Si bien qu'à un moment donné l'agent secret fut affecté à la SPCA et nous eûmes la paix. Après encore quelques conférences, organisées en toute bonne foi, nous eûmes la plus profonde conviction que sur une salle de cent personnes, il y en a dix qui cherchent à comprendre, vingt-cinq qui comprennent rien du tout, trente qui ne sont pas d'accord et les autres nous attendent à la porte. Si bien que, l'exposé terminé, nous déguerpissions afin de survivre au conservatisme inébranlable et violent des imbéciles. D'ailleurs, la plupart des prophètes devinrent malgré eux des adeptes de la course à pied. Essayer de changer le monde n'est pas de tout repos. Et aujourd'hui, les jambes ne suffisent plus. Il est préférable d'avoir un bon char et de foncer.

Un soir que nous sortions de la salle Saint-Stanislas, nous nous engouffrâmes, avec une dextérité que facilite l'urgence, dans la Chevrolet à Gustave (un ami) et filâmes, sans oser nous retourner, sentant la soupe plus chaude qu'à l'ordinaire, ayant eu l'honneur d'avoir dans la salle quelques brillants spécimens des rues Papineau, Garnier et Brébeuf, aussi loin de nos idées qu'un chauffeur de taxi de la paix intérieure. Que je file, que tu files, que nous filions, le vrai problème de notre époque, c'est qu'il faille filer toujours plus vite. Donc, ce soir-là, nous filions à cent milles à l'heure sur nos quatre roues, poursuivis par une bonne douzaine d'autres. Et ce qu'il y a de bien à Montréal, c'est que ce ne sont pas les rues qui manquent. Si parfois l'ouvrage se fait rare, les rues, par contre, ne font jamais faux bond. Quand une ne fait pas l'affaire, il y en a toujours une autre, à gauche ou à droite. Hélas! trahison subtile, il y a parfois des culs-de-sac ou encore un gros camion qui bloque la ruelle. C'est ce qui arriva. Soudain, sur la droite, un camion stationné pour la nuit. La plupart des camionneurs croient que le monde leur appartient. Ils ont tous les droits et les muscles pour les faire valoir. C'est ainsi que nous nous retrouvâmes cinq à six voitures, à la queue leu leu, derrière un mastodonte qui ne semblait pas vouloir bouger de là. Mais quand des poursuivants rejoignent des poursuivis, il arrive que devant un problème commun ils fassent corps. C'est comme dans un match de base-ball quand un tiers vient s'en mêler: les deux équipes s'unissent pour l'engueuler copieusement. C'est ce qui se produisit. Ayant écorché les oreilles d'un paisible dormeur, celui-ci bondit pour s'informer de ce vacarme. «Quel est l'imbécile qui s'est permis de stationner son camion dans cette ruelle?», de répliquer une armoire à glace en pyjama rose. J'avais déjà eu l'occasion de croiser quelques «armoires» en civil, mais en pyjama rose, c'était la première fois. J'en restai figé. Si les vêtements quintuplent parfois la force des plus malingres, par contre ils camouflent la réalité musculaire des plus forts. Et cet individu qui aurait eu l'air plutôt moyen dans un complet veston, en pyjama rose, ressemblait trait pour trait à Tarzan sur un écran géant. Nos poursuivants se mirent alors à reculer, comme de vulgaires poursuivis, pour disparaître aussi vite sans réclamer leurs coups. De poursuivis nous nous retrouvâmes en première ligne face au dinosaure. Nous aurions préféré, de beaucoup, en découdre avec les autres, convaincus que nous aurions pu en venir à une entente, quitte à saluer quelques drapeaux. Mais devant ce gorille nous étions nettement dans une mauvaise situation. Alors, bande de cons, dit-il, que faites-vous de la nuit? Le sommeil, hein, ce n'est pas que pour les ratons laveurs. Ne savez-vous pas que le droit au repos est sacré? D'ailleurs, le Seigneur, en personne, a consacré toute une journée à cette chose pour que nous puissions récupérer. Tout en l'écoutant, j'étais étonné de constater que, pour un camionneur, il s'exprimait fort bien. Victor Hugo, continuat-il, n'a-t-il pas dit dans son poème «Les nymphes géantes»: «Sommeil, Ô Sommeil, mon ami.» Alors, petits merdeux, vous ne savez pas respecter les amis des autres. Et Balzac n'a-t-il pas écrit, lui aussi, dans «La mère victoire»: «Ennemis, laissez-moi dormir que je puisse mieux vous vaincre.» Et Bossuet. Et Villon. Et Baudelaire, etc., avec chaque fois une citation appropriée. J'en étais abasourdi. C'est que l'on croit toujours les camionneurs ignares lorsque dans le fond ils ont tout le temps pour lire en mettant leur «volant automatique». Plus tard je cherchai, dans une bibliothèque, ce poème, «Les nymphes géantes» de Hugo, et «La mère Victoire» de Balzac, sans succès. Même la bibliothécaire n'en avait jamais entendu parler. Mais, par la suite, lorsque je dépassais un gros camion, sur une autoroute quelconque, je faisais toujours le moins de bruit possible pour ne pas déranger le camionneur dans sa lecture.

2

Tibi

Sans être calé comme un chasseur de canards, il est quand même possible de constater que la terre est habitée principalement par une majorité de brutes en tous genres. Il n'y a rien comme manifester quelques idées pour se les attirer. C'est pourquoi, après quelques exposés publics, Paulo se vit dans l'obligation de chercher à se protéger puisque toujours quelques énergumènes, plutôt violents, l'attendaient pour lui faire un mauvais parti. Comme il est possible d'avoir une pensée bien structurée, sans avoir une structure dans le même genre pour se défendre, il est préférable de trouver quelqu'un qui puisse compenser ce manque. C'est sur la recommandation d'un admirateur que Paulo chercha à rencontrer un dénommé Tibi qui, comme lui, rêvait de changer le monde, mais avec la carrure nécessaire pour faire reculer n'importe quel contradicteur à l'esprit guerrier. Lui exposant ses problèmes, celui-ci accepta de collaborer. Par contre, il n'aimait pas les carnages inutiles (Paulo non plus d'ailleurs). Il préférait de beaucoup en imposer que d'imposer; amener les gens à se taire sans être obligé, nécessairement, de les tabasser. Là où il aurait pu être violent, il était plutôt doux quand parfois, dans les mêmes circonstances, les doux deviennent violents. Cette conviction qu'il est possible d'amener les autres à changer par eux-mêmes était devenue, pour

lui, comme une mission. Parfois, l'après-midi, je le croisais avenue du Parc-Lafontaine, arrêtant des gens, au hasard, et les obligeant à se regarder dans un miroir qu'il traînait sur son ventre
retenu par une corde. «Le miroir de l'âme» qu'il appelait ça.
«Allez, disait-il, regardez-vous. Avouez que vous êtes un salaud.»
Surpris, ceux-ci se regimbaient, puis, impressionnés par sa stature, finissaient par avouer quelques imperfections. Oh, très peu!
mais on sentait qu'il y avait un effort. Après, pour la modique
somme d'un dollar, il leur donnait un certificat sur lequel était
écrit: «La société pour un homme nouveau certifie que monsieur
untel a confessé tous ses torts et qu'il s'engage à changer.» Ça
n'a l'air de rien, mais avec un papier dans le genre sur le mur
de sa chambre, un gars en vient à réfléchir et ne peut plus passer
à côté. Bien sûr que ce genre de commerce lui attirait quelques
représentants de l'ordre. Les obligeant aussi à se regarder, il ne
les revoyait plus. Car, s'il y a quelque chose que ces dignes représentants n'aiment pas, c'est bien de se regarder. Donc, Tibi, tout
comme Barney, rêvait de changer le monde. L'injustice, il la
voyait partout. Les crapules itou. Lorsqu'il y avait un congrès
des *Money Makers* à l'hôtel Central, il était toujours là, réussissant à s'infiltrer dans des groupes, si bien qu'au bout de cinq minutes tout le monde avait l'impression de l'avoir déjà vu quelque
part. Puis, subtilement, tout en causant, il déversait son venin:
le doute. La plupart des gens vivant de dix pour cent de certitudes et le reste de craintes, il atteignait toujours son but. Quand
il se retirait, ses interlocuteurs étaient ébranlés, ne savaient plus,
se posaient des questions. Il y avait comme un long silence. Sa
phrase clé était: «Êtes-vous sûr?» À tout propos, il la balançait,
obligeant quelques savants à s'arrêter dans leur exposé, à réfléchir. Juste avec cette petite phrase, il faisait des ravages terri-
bles. «Êtes-vous sûr?» Comme la plupart des gens sont à 90%
sûrs de rien, il ne pouvait pas rater son coup. Surtout au congrès
des *Money Makers*. S'il y en a dans le monde qui ont les certitudes fragiles, ce sont bien eux. Vivant dans la peur constante de
perdre leur pécule, ils sont justement sûrs de rien. Méfiants, sans
cesse à l'écoute, ils vivent un tourment intérieur digne des plus
grandes prédictions.

C'était sa façon de combattre le système. Il se tenait toujours à l'affût de tous les congrès et fonçait. C'était quand même un travail qui nécessitait une certaine préparation. C'est pourquoi il était toujours à la gare pour voir arriver les congressistes. Car, au-dessus d'un certain nombre, le train est de rigueur. C'est plus économique. Et c'est aussi préférable. Comme dans un wagon, il est facile de circuler, la bêtise peut voyager plus facilement. Ce qui n'est pas le cas dans un autobus ou un avion. Quand les voyageurs arrivent à bon port, leur sens critique est encore éveillé. Il faut l'hôtel, les sauts de chambre en chambre ou les rencontres au bar pour que se fasse le nivellement par le bas. Avec le chemin de fer, c'est merveilleux, lorsque le train entre en gare, tout ce travail subtil est déjà accompli. Ce qui lui facilitait grandement la tâche. Il n'avait plus qu'à observer les têtes. Car la tête, tout est là. La forme, les yeux, les oreilles, surtout. La plupart des gens ne se rendent pas compte comme la hauteur de celles-ci est importante. Un petit peu plus bas ou un petit peu plus haut fait toute la différence. La paix sociale viendra beaucoup plus par un nivellement des oreilles que par celui de la pensée. Tibi, sachant tout cela, pouvait juger un individu en deux temps et trois mesures. Les présidents des grosses compagnies surtout. Rien qu'à leur tête, il pouvait mettre un chiffre sur leur bilan financier. Car ceux-ci ont celui-ci inscrit dans le front. Il s'agit de savoir lire, et un non averti croira voir un déficit là où il n'y a qu'un simple mal de tête. Il faut savoir aussi que pour eux la vie n'est qu'un immense centre commercial, qu'une immense caisse enregistreuse, où la sélection naturelle joue automatiquement contre ceux qui ne peuvent pas payer. Quand il leur arrive d'être généreux, c'est qu'il y a quelque chose à en retirer quelque part. S'il n'y avait que deux ou trois phénomènes dans le genre, cela ne serait pas catastrophique. Mais c'est qu'il y en a des millions, partout, dans tous les pays et de toutes les races. Pour bâtir un monde qui a de l'allure avec ça, il faut qu'un gars se lève de bonne heure. Tibi était dans le genre. Tous les matins, à sept heures, il était déjà debout, se faisait un café et lisait les journaux. Ce qui avait le don de réveiller son agressivité. Après, quand il ne déambulait pas avec son miroir, il vagabondait d'une taverne à l'autre, discutant, s'engueulant, si bien que, lorsqu'il se retirait, tout le monde était en beau maudit. Plus personne qui avait la paix de l'esprit. Ce qui, dans le fond, était une excellente chose, chacun en venait à s'interroger, leurs convictions vacillant et leurs valeurs les plus chères en prenant un coup. Je dirais qu'il s'opérait alors comme un genre de mutation. Et ce n'est pas de tout repos «une mutation». On ne «mutate pas» comme on allume une cigarette. Ça dérange. Il n'y a pas d'erreur. J'ai eu l'honneur de connaître un mutant, rue Christophe-Colomb, il y a quelques années. Tout le monde en avait peur. Pourtant il n'était pas bien bien méchant. C'était plutôt le genre serviable. Il voulait rendre service tout le temps et à tout un chacun. Comme il était le seul dans le genre, il a fini par déranger. Tout le monde le fuyait. Pourtant il était très gentil, très serviable. À tout moment, il était là derrière vous, ou devant vous, à côté de vous, s'offrant à vous aider, à faire ceci, cela. Vous demandant ce qui vous ferait plaisir, ce dont vous aviez besoin, etc. Quand vous aviez envie d'être seul, il était là. Si vous aviez aimé, pour vous détendre, faire un peu de rangement, de ménage, ou de peinture, il n'en était pas question. C'est lui qui voulait tout faire. C'est pourquoi on le fuyait comme la peste. Pourtant cela venait d'un bon fond. Mais c'est ainsi. La générosité n'est pas toujours appréciée à sa pleine valeur. Il y a des gens qui aiment mieux se sortir de leur merde tout seuls que d'être aidés. Pour un mutant c'est un problème. Car qui dit «mutation» dit aussi «pulsion». Comme une force intérieure qui nous pousse, malgré nous, à devenir un autre. Bien sûr qu'il s'agit ici de mutation morale. Mais ce genre de changement est très rare. C'est pourquoi ceux qui en sont atteints se sentent très seuls. D'ailleurs, si l'Église les a nommés «saints», c'est pour pouvoir les repérer plus facilement dans l'histoire et dans le temps. Comme tous les grands esprits se rencontrent, un jour, je découvris que Tibi l'avait déjà croisé sur son chemin. Il l'avait même hébergé quelque temps. Cette association n'avait pas fait long feu. C'est qu'il avait aussi la «fouillotte». (Était-ce aussi une mutation?) Il fouillait partout, mettait des choses dans ses poches. Ce qui n'aide pas particulièrement à la fraternité. Le partage, comme principe, il vaut mieux en entendre parler. Mais à vivre, chez soi, cela peut devenir pénible. Car malgré toute la bonne volonté du monde, «nos affaires», ce sont «nos affaires». Nous sommes bien prêts à partager ce qui ne nous pèse point, mais il y a quand même des choses qui nous tiennent à cœur. Et le matin où Tibi vit Réal mettre son gros dictionnaire Larousse sous son bras, une tempête s'ensuivit. Car il l'aimait son gros dictionnaire. Surtout que c'était une vieille édition pleine de fautes. Ça l'arrangeait. Tous les mots qu'il écrivait de travers il pouvait les y trouver. Même qu'il s'était fait une petite «passe» avec ça. Tous les professeurs de l'école voisine venaient le lui louer pour corriger les devoirs de leurs élèves. Cela leur facilitait grandement la tâche, puisque toutes les fautes des pires cancres avaient leur confirmation. Quand le directeur venait faire certaines vérifications, ils lui mettaient le dictionnaire sous les yeux. Ne sachant plus quoi dire, il allait chercher le sien et revenait d'un pas ferme. Mais lequel était le bon? Comme le dictionnaire à Tibi datait de 1902 et que l'on doit du respect à tout ce qui est vieux, il ne savait plus à quoi s'en tenir. Est-ce que la langue française se serait détériorée, se demandait-il, et qu'il n'y aurait qu'au Québec que l'on saurait écrire correctement? Il songea à écrire à l'Académie française, mais Tibi l'en retint.

«Si vous vous adressez aux officiels, c'est sûr que vous allez avoir tort. Car l'évolution a toujours été marginale. Les marginaux ont toujours été d'avant-garde.»

Si bien que, convaincu, il démissionna de son poste pour suivre Tibi dans les tavernes et faire aussi de la provocation (car il n'y a pas d'évolution sans violence) pendant que Tibi piquait ici et là des cigarettes et bummait un peu d'argent. C'est surtout quand on est révolutionnaire qu'il faut savoir arrondir son budget.

3

Clara

Clara Secord, il faut lui donner ça, elle avait pas de talent. Aucun. Enfin sûrement pas comme comédienne. Pourtant, au théâtre Le Grand Fléau, elle montait sur scène tous les soirs. Ce n'était pas le front qui lui manquait. D'ailleurs, dans toute cette production, c'est ce qui prédominait. Les acteurs en avaient beaucoup, le metteur en scène, le décorateur, mais surtout l'auteur. Pour écrire une pièce dans le genre, il fallait en avoir. Il n'avait vraiment rien à dire, cet auteur. Exactement rien! N'importe quel dernier de classe aurait pu faire mieux. Comme platitude c'était un summum. Tout d'abord il n'y avait pas de sujet. Le vide total. On avait beau chercher à comprendre, malgré toute la meilleure volonté du monde, on y arrivait pas. Cela se passait autour d'un arbre sur lequel venait s'appuyer chaque comédien en disant: «Pourquoi, Adam, as-tu fait cela... pourquoi, Adam, as-tu fait cela?» C'était à peu près tout. Remarquez qu'il y avait quand même une idée. Car Adam a emmerdé beaucoup de monde. Cela dure encore et ce n'est pas fini. Il y avait là de quoi faire plusieurs tirades dans lesquelles les comédiens auraient pu se tordre les tripes. Dans ce fameux péché, il y a quand même de la matière. Ne serait-ce que l'orgueil, l'envie, la médisance, l'avarice. Henri Grignon a fait tout un plat pendant trente ans juste avec celui-là.

Avec l'égoïsme un auteur de talent aurait pu en faire autant. Car l'avarice, tout en dessous du matelas, ce n'est quand même pas la fin du monde. L'égoïsme est bien pire. Si l'avare met tout de côté, l'autre ne pense qu'à lui. Son char, sa piscine, son chalet, son yacht. L'avare par contre est plutôt discret. Il faut le savoir. Mais l'égoïste fait son show, se montre, écœure le peuple. Si les colonisés se sont révoltés, c'est surtout à cause de «l'égoïste». L'avare, pour sa part, avait l'air tellement pauvre qu'il aurait pu facilement passer pour un des leurs. Mais l'égoïste les provoquait carrément. Il leur pétait le muffler en pleine face ou mangeait dix barres de chocolat pendant que toute une famille s'éreintait sur un vieux pamplemousse. Alors forcément les gens en venaient à se révolter. En France ce fut la même histoire. Des *Mae West* à Versailles, du pain Weston pour le peuple. Alors la chicane a pogné. Avec l'égoïsme, y a vraiment ce qu'il faut pour faire une belle pièce de théâtre. Et l'orgueil! Avec tous les champions de la prétention qu'il y a dans le monde, il y a de la matière pour faire quelques tableaux, plus une exposition de photos de tous les «m'as-tu-vu?», à l'entrée, pendant l'entracte. Et si l'auteur ne réussit pas à tout dire dans une seule pièce, il peut toujours écrire une trilogie. D'abord, *Les snobinards,* suivi par *Le fils du snobinard* pour finir avec *La dynastie des snobinards.* Pour un quelconque qui a le moindrement de talent, rien qu'avec les sept péchés capitaux, il peut aller se chercher le prix Nobel. Alors avec Adam! C'est toute l'histoire du monde que l'on a dans le B-A BA avec Adam. Je ne peux croire qu'un auteur ne puisse pas écrire trois actes sur le sujet. Mais au théâtre du Grand Fléau il se passait exactement rien. Qu'un arbre avec des «Adam, pourquoi as-tu fait cela?», plus quelques variantes. Nous, on s'attendait à ce que le maître s'amène à poil avec la bonne femme. Là, au moins, nous aurions vu quelque chose. Et le serpent! S'il y a un bon punch dans une pièce, c'est bien un serpent. Les gens crient. Il y en a qui s'évanouissent. Non. Rien. Du théâtre expérimental, qu'ils appelaient ça. Comme tout le monde le sait, il y a des expériences pénibles. C'en était une. Et nous, dans la salle, en tant que «laboratoire», on passait au cash. Non seulement il fallait payer à la porte, mais il fallait en plus bisser dans la salle. Après s'être lamenté un bon moment autour de l'arbre, il y avait un coco qui arrivait avec une caisse de bière. C'était la seule chose logique dans toute la pièce. Quand c'est plate, on amène la bière. Ensuite, pendant dix bonnes minutes, ils cherchaient un *opener*. Ils auraient pu prendre de la 50 qui se dévisse, mais ça n'existait pas encore. Quand ils en avaient trouvé un, cela donnait prétexte à une danse où, tout en faisant sauter le cap, ils se déhanchaient. Un peu comme à Hawaï. Mais ouvrir une bière, tout en se déhanchant, cela brasse une bouteille. Alors quand le cap sautait, la broue suivait. Tous les comédiens en avaient dans les cheveux, sur leurs costumes. Et tous de recommencer: «Adam, pourquoi as-tu fait cela?» Il n'avait rien à faire là-dedans. C'est cette manie qu'ont les gens de tout lui mettre sur le dos. Il en a déjà assez comme ça. Je veux bien croire qu'il était peut-être un peu naïf, mais quand même, il devait être capable de s'ouvrir une bière sans mettre de la broue partout. Après avoir bu quelques gorgées, toute la distribution se ramassait en rang d'oignons pour entonner une chanson intitulée «Ève du bout des lèvres». Enfin! Depuis le début de la pièce qu'on la cherchait! Je me disais. «Au moment où on va s'y attendre le moins, elle va se ramener.» Les femmes sont un peu comme ça. Et elle nous arriva dans une chanson. Comme elle s'en était déjà fait chanter une, c'était quand même logique. C'est peut-être la seule chose qui avait de l'allure dans toute la pièce. Pour le reste, du placotage, des choses qui voulaient rien dire, une mise en scène frôlant le pique-nique, un décor qu'aurait pu signer n'importe quel permanent de la CSN, spécialiste dans le noir et le gris. Et cette pauvre Clara Secord qui était pognée dans cette galère. C'était peut-être le seul endroit où elle pouvait se trouver de l'emploi. Le théâtre expérimental est fait pour ceux qui ont des petits moyens. À vrai dire, le seul attrait de cette pièce, c'est qu'elle ne durait pas longtemps. Une heure à peine. Dans ce cas, c'était presque un avantage. Après, je m'étais rendu dans la coulisse pour saluer les comédiens et leur demander en même temps, croyant bien faire, un autographe. Ce qui manqua de provoquer une émeute.

«Nous ne sommes pas des vedettes, de la valeur marchande: nous sommes de vrais artistes, des êtres humains avec une âme.»

Je me retirai, confus. Mais en passant près de la scène, je vis, assis derrière l'arbre, un homme qui pleurait. C'était l'auteur. Je sus plus tard que tous les soirs, après le spectacle, il s'effondrait. Naïf, je crus d'abord que c'était peut-être une prise de conscience. Pas du tout. C'était un perfectionniste; et comme la perfection n'est pas de ce monde, la moindre petite erreur, un bafouillage ou autre, avait le don de le miner littéralement. Au début, c'étaient des colères, des *meetings* après spectacle, des scènes qu'il leur fallait retravailler. Puis avec le temps, la fatigue aidant, il en était venu à pleurer tout bonnement. Une chance qu'il ne faisait pas de politique. Il n'aurait jamais tenu le coup.

Un trait qui caractérise la plupart des jeunes artistes de la relève (convaincus qu'il ne s'est rien fait avant eux), c'est le snobisme. C'est pourquoi après avoir comptabilisé les entrées, rangé les accessoires et fermé les lumières, tout le monde se retrouvait *Chez Marleau*, la boîte à la mode. Il y avait, ce soir-là, Denise Filiatrault, Dominique Michel, Yvon Deschamps, tout le gratin artistique. Nous réussîmes à obtenir une table dans une des salles à l'étage. Parmi cette bande «d'artistes», nous détonnions carrément et beaucoup nous regardaient d'un œil soupçonneux, avec un certain mépris. Même que Clara semblait mal à l'aise, comme si elle avait eu honte de nous. Elle n'osait pas nous renier, mais un coq aurait chanté que cela ne m'aurait pas étonné. L'histoire se répète toujours. Un garçon ayant apporté le menu, je le refermai aussitôt. Les prix n'étaient vraiment pas pour nous. N'est pas snob qui veut. S'il est à la portée de chacun de devenir méprisant, il faut être aussi capable de suivre. C'est un très bon restaurant que *Chez Marleau*, que des bons plats et des rares. Des épinards de Mongolie avec la fameuse sauce rouge du Tibet. Du foie de tortue au vin blanc, du steak tartare «bien cuit» recouvert d'amandes du Maroc, etc. Même *Maxim's* de Paris, aurait de la difficulté à faire mieux. Toutefois les prix allaient de pair, copiés sur les meilleurs restaurants d'Arabie Saoudite. Alors nous nous enlignâmes sur des cafés expresso, n'osant quand même pas prendre le gros noir ordinaire. C'est alors que Clara demanda à Paulo ce qu'il avait pensé de la pièce. Malheureusement, il avait dormi tout le long. Il ne se compliquait jamais l'existence (sauf dans ses pensées). Quand c'était plate, il dormait. J'avais bien essayé de le réveiller, timidement, car on ne réveille pas son maître comme le dernier troufion du peloton. J'avais tiré un peu sur la manche de son veston, ou bougé, suffisamment pour réveiller un dompteur de lion, épuisé après sa représentation. Rien à faire. Je n'insistai pas, sachant que le génie venait du subconscient, que c'est souvent dans le sommeil que les Grands trouvent réponses aux questions les plus angoissantes. Mais, par contre, si leur cerveau ne s'assoupit jamais, cela ne les empêche pas de ronfler. Et comme ce sont toujours les plus obscurs qui trahissent, c'est justement un figurant qui n'avait rien d'autre à faire, pendant toute la pièce, que de tenir une pomme (Adam toujours), qui l'avait repéré. Le pointant du doigt, il lui avait dit:

— Eh, vous là-bas… vous avez bien dormi?

— Je vous remercie, il n'y avait rien d'autre à faire.

Suivit un tollé général.

— Ignare, fumier, crétin!

C'est alors que je me rendis compte que les artistes sont des gens extrêmement dangereux. Remplis d'eux-mêmes, presque à l'égal de Dieu, ils deviennent, devant la défaite ou l'humiliation, pires que des barbares. Rien n'est à leur épreuve pour venger l'honneur blessé. Ce que je raconte, je ne l'aurais jamais cru, si je ne l'avais vu, de mes yeux vu. Bondissant comme des fauves, ils s'emparèrent de carafes d'eau, rangées sur une petite table de service, et nous aspergèrent généreusement sans aucun respect pour le tapis, l'ameublement, les toiles sur les murs, rien! Le temps de le dire, le lieu devint une piscine. Car il n'est pas question ici de petites carafes pour faire quelques ablutions. Pas du tout. Des baleines, des vraies, contenant sûrement plusieurs litres d'eau. Alors il y en avait partout. Nous étions trempés de la tête aux pieds. Clara, la pauvre, pourtant de la bande, reçut aussi son bain de pluie. Nous levant d'un seul bond, comme des vrais bagarreurs de taverne, nous nous emparâmes des nappes pour en couvrir la tête de nos assaillants en leur donnant, par la même occasion, des grands coups de poing sur le ciboulot. Les chaises, à leur tour, entrèrent en action. Elles volaient, voltigeaient, planaient, rebondissant sur une bolle pour atterrir sur une autre. Suivirent les tables dont une cassa la grande fenêtre. Les murs commençant à perdre du plâtre, les reproductions de Gauguin se retrouvèrent sur le cul, certains s'en servant en guise de boucliers. Ce soir-là, pour la première fois, je pus vraiment apprécier les talents musclés de Tibi. Soulevant le metteur en scène, qui pesait au moins dans les 250 livres, il le leva au bout de ses bras pour le précipiter dans une porte qui s'écrasa avec Marleau en dessous qui criait:

— Entracte, entracte, le bar est ouvert.

Devant la soif du sang, l'autre dut faire acte d'humilité. Les sauvages, voyant que Tibi était le plus fort, s'acharnèrent particulièrement sur lui, s'agrippant à ses jambes, ses bras. Celui-ci parvenait quand même à les soulever, trois à la fois, pour les envoyer prendre l'air sur un mur ou au plafond. Devant un tel gâchis, il aurait été normal de voir arriver la police. Mais pour un grand restaurant comme *Chez Marleau,* de se retrouver avec trois «cerises» à la porte, cela gâche une réputation. Le maître avait bien essayé de motiver quelques garçons, mais ceux-ci avaient semblé préférer s'en tenir à leur fonction. Quant à ce genre de clientèle, richarde et prétentieuse, il ne faut compter sur elle pour rien. Quand ils ont payé la note, c'est le maximum. Ce soir-là, il y avait dans la salle le plus grand, toute la Police Montée en personne: Gilles Pelletier. Habitué à dominer la scène et à affronter, sur son voilier, les vagues traîtresses du golfe du Saint-Laurent, ce n'était pas du tout le genre à reculer. Il monta et, occupant tout le plancher de son immense stature, il cria:

— Si vous n'arrêtez pas, je vais tous vous faire barrer à Radio-Canada.

Cela tomba comme un couperet. Ils reconnurent d'abord le maître et, en plus, de se savoir interdits à la maison-mère jeta un froid sur tous leurs espoirs. Ils s'arrêtèrent donc et acceptèrent même de tout remettre en ordre, chacun s'affairant à relever une table, une chaise, ou à remettre un tableau (du moins, ce qu'il en restait) sur son clou. Mais devant sa grande fenêtre au trou béant et ses murs délabrés, maître Marleau ne s'en tînt pas là. Il réclama aussi une compensation financière. Le caissier du Grand Fléau dut verser toute la recette de la soirée. Huit cent trente-trois dollars et soixante-deux sous. Ils furent en plus tenus de payer leurs consommations. C'est ainsi que je pus me rendre compte de la crainte que suscite Radio-Canada dans le milieu. Il aurait dit: «Je m'en vais tous vous faire barrer à Télé-Métropole» que cela n'aurait même pas dérangé une mouche en train d'observer la scène. C'est pour vous dire ce que peut faire une réputation. C'est à partir de cette soirée mémorable que Clara ne fit plus partie de la distribution. S'étant affichée en notre compagnie, elle fut classée parmi les indésirables. Nous la récupérâmes alors comme caissière. Mais son contrat n'entra en vigueur que quinze jours plus tard. Paulo ayant reçu quelques mauvais coups, nous dûmes reporter quelques engagements. Car venir parler de nouvelles valeurs avec un œil au beurre noir, cela ternit sensiblement le message. C'est comme si le Christ était venu parler d'amour avec un plaster sur le nez. Quand même!

4

Rimouski

Une réputation, c'est un peu comme un vieux Ford dans le temps: ça va pas vite, mais ça arrive. Il y avait bien deux mois que Paulo avait fait une conférence au Centre Saint-Pierre Apôtre, lorsqu'une lettre y atterrit. Elle venait de Rimouski. Un gars qui lui demandait d'aller japper dans le coin. Étant, ce soir-là, dans l'assistance, c'est comme si le message l'avait ému. Je me souviens que ce dit soir, Paulo avait mis le paquet. La rencontre avait été organisée par le président du syndicat de la *Drilling and Noising Co.* Ça faisait des mois qu'il essayait de mettre ses *drillers* en grève. Qu'il leur expliquait qu'ils étaient après tous se faire déboîter l'intérieur. Qu'il leur fallait de meilleures conditions de travail. Mais ils branlaient dans le manche. Forcément, à passer ses journées à se faire branler sur sa drill, on devient branleux. Ça fait que Paulo leur avait parlé dans les oreilles. Il avait été impressionné et lui demandait d'aller brasser des Rimouskois qui, à force de se faire bercer par les vagues, se sont comme endormis. Pour ce qui était du cachet, c'était dans le genre «on verra». Sur cette question, Paulo n'était pas à cheval sur les principes. Après tout ce qu'il racontait sur l'argent, il était mal placé pour faire son homme d'affaires. S'il demandait un petit quelque chose, c'est que ça prend bien un peu d'argent pour vivre. On a beau gueuler contre un système, il n'est pas changé pour ça. Même s'il n'avait jamais travaillé *steady,* à l'occasion, il avait fourni un petit effort, ne serait-ce que pour pouvoir s'acheter du beurre de *peanut.* Typographe de son métier, c'est à mettre sur plomb toutes sortes de niaiseries qu'il avait commencé à jongler. Donc, côté cachet, on ne savait pas trop. Par contre nous étions logés-nourris. Et puis le gars payait le gaz. Pour du gaz ça prend un char. Et pour un char ça prend un chum. Et comme ceux-ci étaient tous pognés quelque part, on avait décidé de prendre l'autobus. Nous étions quatre: Paulo, Tibi, Clara et moi-même. Sauf pour Tibi, notre présence n'était pas nécessaire. Si nous y allions, c'était surtout pour le kick. L'aventure. Elle avait commencé à la Pocatière où l'autobus s'était arrêté pour vingt minutes. Plutôt que de prendre un café à l'arrêt, nous avions été prendre une bière à l'hôtel d'à côté. Quand nous étions revenus, l'autobus était parti. Peut-être que le chauffeur nous avait cherchés mais que, pressé par le temps, il avait câlicé son camp. De toute façon, les chauffeurs ne sont pas des gardiennes. C'est aux passagers à voir à leur affaire. Alors nous avions téléphoné à Rimouski et le gars était venu nous chercher. En approchant, un peu passé le quai, nous étions arrêtés prendre une consommation à l'hôtel Georges VI, alors le trou de la place. Et là il y avait un baveux qui nous avait bavés, sans raison, juste pour passer le temps. Un chercheux de chicane, quoi! Je pense que c'était à cause du cendrier, qu'on avait son cendrier. Pourtant il y en avait partout des cendriers. Ce n'est pas ça qui manquait. Non. C'était celui-là qu'il voulait. Avec Tibi, il tombait mal, et il l'avait eu dans le front avec un coup de poing sur la gueule. Ça commençait bien. Après, nous nous étions ramassés chez Mme Morin, une amie du boss. Veuve depuis peu, elle avait une grande maison dans laquelle elle semblait s'ennuyer joyeusement. C'est pourquoi elle adorait la visite. Avec nous elle tombait bien. À quatre on lui fit de la jasette pendant trois ou quatre jours. Le problème, car il en a toujours un, c'est qu'elle avait un chien. Un maudit chien laid, jappeux pis senteux. Il avait toujours le museau dans nos culottes ou dans la robe à Clara. Le vrai fatigant. On aurait pu lui câlicer un coup de pied! C'est qu'elle l'aimait. Peut-être qu'il lui rappelait son mari, je ne sais pas. Les femmes ont, comme ça, le don de s'attacher à quelque hostie de vieux chat ou de vieux pataud qui n'ont pas d'allure. Il fallut l'endurer tout le temps de notre séjour. Sur notre départ, pendant qu'elle était allée nous chercher des pots de confiture maison, dans la cave, je lui avais allongé un de ces coups de pied dâns le cul qu'il s'était quasiment ramassé dans le fond de la cour avec un long OUUUUUU à faire paniquer un employé de la SPCA Quand elle était remontée, elle l'avait cherché: Isidore, Isidore, (c'était son nom, le même que son mari). Qu'est-ce qui est arrivé à Isidore? Je lui avais dit qu'il s'était brûlé sur le poêle. Elle n'a pas insisté. Le lendemain de notre arrivée, dans l'après-midi, nous nous étions pointés au cégep, question de faire un test de son. Pour des raisons inconnues, nous n'eûmes pas droit à la grande salle mais plutôt à un petit café étudiant qui pouvait contenir environ deux cents personnes. C'était peut-être mieux ainsi, ce genre de message passant souvent plus facilement par petits groupes. Du moins au début. Le soir, à notre grand étonnement, il y avait une centaine de personnes. Nous n'avions jusqu'alors jamais dépassé de beaucoup ce nombre. Ce qui était normal. Une conférence n'est pas un spectacle de rock and roll. Surtout que le titre n'est pas des plus attirants. «La nouvelle conscience» que ça s'appelait. Vu qu'il en fallait un pour les besoins de la publicité, Paulo avait cru que celui-ci résumait assez bien sa pensée. Bien sûr que, si celui-ci s'était appelé «Comment jouer au hockey sans se fatiguer», il y aurait eu plus de monde. Pour notre part, cela nous satisfaisait. Ce soir-là, Paulo avait choisi comme thème: l'argent. L'oppression économique que nous subissons tous, l'esclavage déguisé sous un air de liberté et le fait que, sans nous en rendre toujours compte, nous nous faisons voler nos vies. Après, il eut droit à quelques applaudissements polis, puis la salle se vida. Là où nous craignions avoir peut-être quelques réactions dans le genre de «Communiste!», rien. Dans le fond, les gens sentent bien qu'ils sont écrasés, exploités. Un genre de vicaire, qui avait assisté à la conférence, nous invita à prendre un café à son presbytère. S'ensuivit une discussion du tabarnacle. Comme toujours, le curé commença la chicane en disant à Paulo qu'il allait un peu loin dans son affaire, que c'était pas lui qui changerait le monde, etc. Celui-ci lui répondit que l'Église avait trahi le message du Christ. Que plutôt que de bâtir le royaume elle s'était acoquinée avec tous les pouvoirs pour faire des hommes des êtres soumis. «Vous feriez mieux de fermer vos églises si elles ne sont là que pour servir le mensonge et l'hypocrisie.» Il répondait je ne sais plus trop quoi, lorsque M. Potvin, le boss, s'amena. Enchanté, ne tarissant pas d'éloges, il demanda à Paulo s'il ne pouvait recommencer le lendemain. Comme les idées paient rarement et que ce contrat risquait de nous apporter quelques sous, il accepta. Mais pour ce deuxième temps, peut-être à cause de la conversation de la veille, il avait choisi comme thème: la foi. Sujet, s'il en est, des plus délicats et, paradoxalement, des plus violents.

Dénonçant l'idée d'une autre vie après la mort, il s'en prit à toutes les églises, les accusant d'avoir trompé les hommes et de s'être servies de cet espoir mensonger pour en faire des êtres soumis, se pliant aux conditions les plus injustes. Quand leur mission était de changer le monde et de libérer les hommes, elles s'étaient, au contraire, liées à tous les pouvoirs, se fermant les yeux, et formant des esprits étroits, sectaires, ne sachant tolérer la différence, toujours prêts à condamner ceux qui s'éloignaient de leur conception du monde et de leur morale. Après, contrairement à notre attente, tout fut calme. À Rimouski, ce ne sont pas des obstineux. Ils écoutent puis ils s'en vont. Après avoir fait de savants calculs pour nous remettre notre dû, M. Potvin nous amena dans un restaurant où il se produisit une chose assez spéciale. Il y avait, à une table voisine, un M. Amédée Chiasson, également conférencier de son état. Il venait du Nouveau-Brunswick et était pape-fondateur d'une religion dite «Le nouvel élan». Il s'agissait d'abord que les membres donnent leurs biens au «pape» et vivent le plus humblement possible, de pain sec et de prières. Mais, pour sa part, nous constatâmes qu'il semblait ne pas mettre en pratique ce qu'il exigeait des autres. Devant quelques homards et quelques bonnes bouteilles, il dilapidait joyeusement. Quelqu'un lui ayant sans doute signalé la présence de Paulo, dont il avait vaguement entendu parler, il se mit à passer, à haute voix, quelques propos désobligeants sur celui-ci: ceux qui se permettent de critiquer la vérité, de mettre en doute la parole de Dieu, qui se pensent plus *smart* que les autres. Enfin des choses banales sans grande importance. Tibi voulait aller le faire fermer mais Paulo le retint car en tant que «pape» il était entouré d'une bande de costauds à la tête rasée qui semblaient être là pour les mêmes raisons que lui. Comme ils étaient plusieurs, et Tibi, tout seul, il n'aurait sûrement pas eu le meilleur. Nous décidâmes plutôt de changer de lieu. Parce qu'ils avaient pris possession du meilleur restaurant de la place, nous nous rabatîmes sur un genre de pizzeria. Quoi qu'il en soit, ce fut fort sympathique, le proprio étant aussi un libre penseur qui sympathisait fort avec Paulo. En sortant de là, trois autos qui passaient freinèrent brusquement et reculèrent. C'étaient nos énergumènes de tout à l'heure qui, en passant, nous avaient aperçus. Sortant de leurs voitures (il y en avait trois), ils se mirent à nous invectiver. Comme ils semblaient avoir passablement bu, nous préférâmes déguerpir que de nous pogner dans une chicane inutile et ridicule. Je me rendis vraiment compte qu'il n'y a rien comme les possesseurs de la vérité pour être intolérants et violents. Chemin faisant, nous nous aperçûmes qu'ils nous suivaient. M. Potvin eut alors l'idée de se diriger vers le quai où il possédait un petit bateau de pêche qui y était amarré. Sortant de la voiture, nous nous y engouffrâmes à toute vitesse juste comme nos poursuivants arrivaient. Prenant le large, nous nous dirigeâmes vers l'île Saint-Barnabé, pendant qu'avec des jumelles Paulo essayait de surveiller ce qui se passait sur le quai où il semblait y avoir beaucoup de monde et une «cerise» de police. Sans doute, qu'à cause de leur nombre et de leur comportement, les avaient-ils attirés. Pour notre part, comme c'était très rare que nous ayons l'occasion de nous retrouver sur un bateau de pêche, nous décidâmes, pour le *kick,* de dormir à bord. Il y avait quatre couchettes et une place de plus dans la timonerie où le plus vaillant pouvait dormir sur le plancher dans un sac de couchage. Semblables à des enfants nous étions tout heureux. Le capitaine nous signala alors que, si nous aimions la pêche et les bateaux, le lendemain matin il y avait un cargo, mi-passagers, qui s'arrêtait au quai de Rimouski en direction des Îles-de-la-Madeleine. Avec un peu de chance, nous pourrions peut-être y trouver de la place.

Le problème était qu'il nous fallait récupérer nos effets. Un radio-téléphone se trouvant à bord (c'était un vrai bateau de pêche, très bien équipé, qu'il louait en saison), il communiqua avec sa femme, lui demandant d'aller récupérer nos choses chez notre logeuse et d'être au quai le lendemain matin à huit heures.

Effectivement, vers les huit heures, nous vîmes s'avancer un bateau tout blanc, brillant sous le soleil radieux de septembre. Nous le regardâmes s'amarrer avec beaucoup de respect, admirant la manœuvre. M. Potvin grimpa aussitôt à bord pour parler au capitaine qu'il, nous avait-il dit, connaissait très bien. Ils avaient étudié ensemble à l'École de marine de Rimouski. Si lui avait abandonné pour prendre la succession de son père à la quincaillerie familiale, l'autre avait continué pour devenir, d'abord, officier sur des cargos. Une grosse différence n'existant pas entre un cargo et une quincaillerie, ils faisaient un peu dans le même domaine. Au bout de cinq minutes à peine, il se ramena avec celui-ci. Il nous accueillit fort chaleureusement en nous disant que ce n'était pas la place qui manquait. Au mois de septembre, les passagers se font plus rares. Il y en avait exactement cinq quand, en saison, il y en avait parfois jusqu'à cinquante. C'était là le maximum pour ce bateau, le fret ayant d'abord la priorité. Le soir, à la cafétéria qui servait de salle à manger, nous rencontrâmes nos compagnons de voyage. Il y avait un genre d'intellectuel, d'une très belle apparence, un Anglais, poli, mais plutôt taciturne, un autre au teint assez foncé (un genre d'Hindou ou de Pakistanais) et deux dames; une ayant fait son temps et une autre encore très passable. Le tout se joua dans la soirée. Clara se vit accaparée par le beau mâle, tandis que Paulo se fit charmeur auprès de ces dames et que moi et Tibi étions pognés avec l'Hindou. Quant à l'Anglais, il avait le nez dans sa *Gazette* qu'il ne leva que très rarement durant tout le voyage. Sans que ça n'ait l'air de rien, il y a beaucoup de choses à lire dans la *Gazette*. Juste dans la page des chiens perdus, il y en a pour deux jours. Tout Anglais étant toujours à la recherche de quelque chien égaré, ça les occupe. C'est une des raisons pour lesquelles ils n'ont jamais trouvé le temps d'apprendre le français. Les cartes ainsi distribuées, le lendemain, la partie se joua. Clara passa la journée avec son beau brummel, Paulo avec ses dames et nous avec notre Hindou ou Pakistanais qui nous raconta tous les malheurs de son pays. Et il y en eut pour occuper une traversée de trois mois en radeau dans le Pacifique. Heureusement que notre voyage ne durait que trois jours. Trois fois la Manche aller et retour. Ce qui n'est guère plus gai. Nous apprîmes alors que, dans son pays, les femmes sont à leur place, c'est-à-dire au foyer où elles torchent, mangent des volées et font des enfants. Quant aux hommes, ils s'écœurent tous joyeusement selon leur classe. Ceux d'en haut écœurent ceux du milieu qui écœurent ceux d'en dessous qui écœurent ceux qui sont encore plus bas, etc. En principe, les trottoirs sont faits avec ceux qui sont vraiment au plus bas de l'échelle et qui servent aussi de tapis. Pendant que nous enrichissions ainsi nos connaissances, je remarquais que Paulo se serait bien passé de la vieille. Celle qui lui plaisait c'était l'autre à qui il aurait bien aimé faire du charme. Comme il avait exposé quelques idées sur la vie et sur la mort, la vieille lui collait au cul. Elle avait besoin de se faire rassurer. Paulo n'aurait jamais dû commencer ça, après il l'eut sur le dos jusqu'à la fin. C'est pourquoi l'église interdit aux prêtres de se marier; talonnés sans cesse par quelques fanatiques du chapelet, cela pourrait occasionner des problèmes conjugaux. Pour les rapports sexuels, c'est la même chose. Ce serait une et puis une autre. La directrice de la chorale, la présidente des Dames de Sainte-Ursule ou la secrétaire de l'Association des Saints en béquilles. Enfin ça ne finirait plus. Ayant le don d'attirer les plus pieuses, l'enseignement en prendrait un coup et le péché itou. Lors de ce voyage, Paulo se rendit compte qu'être prophète n'arrange pas un gars. Clara, pour sa part, se laissa aller à ses plus bas instincts. L'ayant toujours connue en tant que militante, adepte de «La nouvelle conscience», je ne m'étais pas imaginé qu'elle pouvait avoir aussi, à l'occasion, quelques désirs coupables. J'ai alors mieux compris que, même avec un idéal élevé, c'est toujours le cul qui prend le dessus.

Notre voyage dura près de trois jours et soudain, au loin, dans le soleil, comme une apparition, les Îles-de-la-Madeleine. Le coup d'œil était féerique, de toute beauté. Sur le quai, à notre grande surprise, quelqu'un nous attendait. L'ami ayant annoncé

notre arrivée, nous fîmes la connaissance d'un M. Hubert, un
ancien jésuite recyclé dans le journalisme. Nous invitant à le suivre, il nous offrait déjà un toit. La Providence fait bien les choses. Mais l'amour a aussi ses vues. C'est ainsi que Clara nous
quitta pour suivre sa nouvelle flamme qui habitait à Bassin, du
côté du havre Aubert. Les jours suivants furent consacrés à la
détente. L'ami Hubert prit quelques après-midi de congé pour nous
faire découvrir le pays, des petits villages séparés par des kilomètres de plage. En ce mois de septembre, les touristes étant
retournés à leurs occupations, nous avions presque toutes les Îles
pour nous. Aussi, fîmes-nous des rencontres sympathiques: des
bohêmes, des pêcheurs, des artisans. Aucune pollution intellec-
tuelle. Qu'un franc-parler, des mots simples et un cœur honnête.
Tibi étant attiré par les bars, nous l'avions abandonné à sa tournée pour profiter du soleil, du bon air et de la mer. Les pieds
dans l'eau nous cherchions des grappes de moules ou de coques
que nous faisions bouillir, le soir, pour déguster avec quelque sauce
piquante. La belle vie. La seule ombre au tableau était Tibi qu'il
nous fallait chercher tous les soirs, pour le ramener ben paqueté.
Quant à Clara, nous l'avions quelque peu oubliée, lorsque après
quelques jours, nous nous en étions inquiétés. Une fin d'après-
midi, son travail terminé, notre hôte accepta de nous conduire
chez l'heureux élu dont il connaissait la cachette: une petite maison en haut d'une butte, dissimulée par les arbres, mais d'où nous
pouvions apercevoir, par la grande fenêtre du salon, la mer et
l'horizon. Comme nous arrivions à l'heure de la bouffe, il nous
invita et Clara prépara les moules. J'eus alors l'occasion de causer avec son amoureux. Originaire de Montréal, il résidait aux
Îles depuis deux ans et se disait auteur dramatique. Je compris
soudain toute l'histoire. Clara s'illusionnant sur ses dons de comédienne, il avait exploité le filon en lui promettant, sûrement, monts
et merveilles. Des premiers rôles, de grandes scènes, des tournées, le triomphe! D'ailleurs, Clara avait accepté de nous secon-
der à cause du côté «spectacle» de notre entreprise. Quoique le
vrai show était surtout dans nos fuites précipitées devant nos agresseurs. Pour une comédienne de grand talent, tout cela n'était pas
sérieux. Elle rêvait d'autre chose. Ce que l'auteur n'avait pas man-

qué d'exploiter. Nous comprîmes, ce soir-là, que nous l'avions perdue. Après avoir entendu la lecture du premier acte de cette pièce, dont il lui dédiait le premier rôle, elle nous perdit aussi. Pour rien au monde nous aurions renoncé à nos projets pour une horreur pareille. Pour «un grand rôle», c'en était un. La chance de sa vie. Elle y jouait une aide-ménagère dans une famille où tout le monde était fou. La mère, qui bégayait, avait un amant qui jappait. (Ou quelque chose dans le genre.) Le père, alcoolique, passait son temps, debout sur une table, à chanter des airs patriotiques. La fille, handicapée, se lamentait dans une chaise roulante, tandis que son frère, aveugle, cherchait toujours la sortie avec sa canne blanche. Bien sûr, s'occuper de tout ce monde relevait d'un rôle très présent. D'ailleurs, elle n'arrêtait pas: relevant un, asseyant l'autre, etc. Pour ce qui était de l'argent, je n'avais pas très bien compris, mais cela ne semblait pas un problème. Une famille nettement au-dessus de la moyenne. Et il était souvent question de voyages, aux Bahamas, en Italie. De ce côté-là, tout allait bien. Mais pas pour le texte qui baignait dans le larmoyage, sans aucun fil conducteur auquel se rattacher. Vint le deuxième acte. Nous nous levâmes. Le maître parvint cependant à nous retenir avec des projets qui «œillaient» du côté de la Comédie-Française pour terminer en nous faisant subir un album de coupures de presse. Il y en avait trois. Pendant ce temps, Clara semblait très heureuse et détendue. L'inconscience aide toujours. Heureusement il eut l'idée de nous offrir du cognac. Sans ce geste providentiel, notre patience étant sous pression, il aurait peut-être terminé ses jours ce soir-là. Vers les minuit, nous réussîmes enfin à nous retirer, tout heureux de nous en sortir vivants. Mais mis à part ses prétentions littéraires, l'homme était d'une belle apparence, séduisant et en fin de compte assez sympathique. Sur le chemin du retour, nous en vînmes à nous demander, sérieusement, s'il ne valait pas mieux enlever Clara. Puis non! L'amour et les illusions, il ne faut jamais toucher à cela. C'est pareil à la brume. Il faut attendre que ça passe.

Si «le bon temps ne dure qu'un temps», les ennuis, pour leur part, toujours fidèles, se pointent n'importe où, ne respectant aucun lieu enchanteur, coucher du soleil ou nuit étoilée. C'est au retour d'une promenade ravigotante, où Paulo avait parlé de tout lâcher, que l'ami Hubert lui avait proposé de faire une conférence à la salle de la Légion canadienne de Havre-aux-Maisons. Ce qui tomba comme une tuile, car il n'avait plus le cœur à ça. Celui-ci, ayant été si gentil à notre égard, il était difficile de la lui refuser. Surtout que, s'éreintant toutes les semaines à propager quelques idées dans son journal, se considérant un peu comme un apôtre, il aurait mal compris que nous refusions de lui donner un coup de main à la tâche. Surmontant le désabusement qui le gagnait, se refusant le droit de décevoir les autres, Paulo accepta. Le temps pressant et le journal ne sortant que le lundi suivant, la confé- rence fut annoncée sur la radio communautaire qui, en raison de la faible étendue des Îles, pouvait rejoindre tout le monde. Le soir dit, la salle n'était pas pleine. La publicité ce n'est pas de l'électricité. Le courant ne s'établit pas instantanément. Il faut savoir s'accorder du temps. Alors, quand il faut faire vite, il ne faut pas s'attendre à des miracles. À moins qu'il y en ait un. Comme c'est très rare, cela ne se produit pas. Si bien que Paulo dut se contenter d'une cinquantaine de personnes. Cela ne sem- bla pas le troubler puisque, à ce moment-là, le cœur n'y était plus. Il disserta donc sur la décadence de notre société, sur les fausses valeurs qui nous divisent, sur le mensonge, le conditionnement et la responsabilité des hommes d'argent face au chaos univer- sel. Le tout se passa bien. Il n'y eut ni remous, ni insultes. Les gens se retirèrent silencieux, écrasés en quelque sorte par ce qu'ils auraient peut-être aimé mieux oublier. Clara, toute à sa nouvelle vie, avait préféré s'abstenir, ne voulant plus rien entendre. C'est un brave Madelinot qui nous remit toute la recette de la soirée, la salle leur ayant été généreusement prêtée par quelques légion- naires, aux cœurs tendres, qui ne s'étaient point montrés, ayant ouï, peut-être, quelques propos désobligeants à notre égard. Après avoir éteint les lumières et vérifié si les portes étaient bien ver- rouillées, l'ami Hubert nous invita chez Gaspard, un petit bar sympathique, situé dans le sous-sol d'un ancien couvent dont les étages supérieurs servaient, pendant la bonne saison, d'auberge de jeunesse. Une dizaine de personnes furent réunies autour de deux tables qui avaient été rapprochées; quelques-unes se permirent de reprocher à Paulo de n'avoir aucun espoir dans son message. Que tout y était négatif.

«L'espoir, dit Paulo, quel espoir?»

«Qu'il y aura des jours meilleurs. Que les choses vont changer, évoluer.»

«Justement, répondit-il, si nous voulons que les choses changent, il faut d'abord que les gens prennent conscience du mensonge, des fausses valeurs qui nous enchaînent au travail, à la propriété, à la guerre. L'espoir ne peut venir tout seul ni d'ailleurs. Il ne peut exister que par les hommes.»

La soirée s'éternisa sur cette discussion sans que personne ne parvienne à se mettre d'accord. Puis, vers les minuit, Tibi apparut, saoul comme une botte. Il y avait deux jours que nous le cherchions. Il s'était, semble-t-il, ramassé chez quelques joyeux buveurs du lieu. Agressif, il devint fort désagréable. Nous le connaissions. Une fois saoul, il cherchait toujours une dispute. Nous dûmes le sortir de là le plus rapidement possible, avant que les choses ne se gâtent. Sur le chemin du retour, je me permis de lui dire qu'il ferait mieux de retourner à Montréal afin de récupérer et de retrouver ses idées. Le lendemain matin, il était à l'aéroport. Comme il ne lui restait plus beaucoup de sous (car «bière qui mousse n'amasse guère»), nous lui avions payé son billet. Dans notre association, l'argent n'avait pas beaucoup d'importance. Nous essayions de vivre la fraternité à l'état pur. Alors que nous attendions l'heure de l'embarquement, une demoiselle, dans la cinquantaine, un peu éméchée (avec une valise du même genre) avait rappliqué pour foncer sur Tibi en disant:

«Mon chéri, tu m'abandonnes!»

Je ne connais pas le principe du radar, mais je suis sûr que l'A et B doivent tenir d'un gars qui était devenu rouge jusqu'aux oreilles; il aurait fait nuit, que l'heureux élu aurait pu guider, à lui seul, tous les avions se dirigeant vers le Labrador ou vers Terre-Neuve. Cherchant un endroit pour disparaître, n'en trouvant pas (n'est pas magicien qui veut), le Roméo se vit dans l'obligation de nous présenter son Yvonne. Car Juliette a fait son temps. Maintenant c'est Yvonne. Ayant bamboché avec elle, durant toute sa tournée, dans la buée sentimentaliste de l'alcool, il lui avait peut-être proposé une alliance, une association, un «accotage», enfin un genre de rapprochement qui favorise les discussions et la chicane. Une fois dégrisé, ayant pu faire une nouvelle évaluation des charmes de la gonzesse, les propositions avaient eu tendance à prendre le large. Et il avait cru s'en tirer en s'évaporant subitement. La dame, fruit de l'expérience, avait watché un œil sur l'avenir et l'autre sur l'aéroport. Si bien qu'elle s'était ramenée, pile, au bon moment. «Les bons moments» sont toujours plutôt individualistes et se partagent difficilement. Donc, Tibi, la face longue, ne savait trop comment se sortir de ce pétrin. Et c'est Paulo qui dut régler le problème. Quand on est le «chef», le problème, c'est qu'on les a tous sur le dos. Le seul avantage, c'est le titre. Tout le reste n'est que soucis et nuits blanches. Devant trouver une voie d'évitement, Paulo se mit à deviser sur la réalité du monde au-delà des Îles. Ayant deviné, à ses propos, que la fleur bleue n'avait jamais mis les pieds plus loin que Rivière-du-Loup, il sut en quelques phrases, juteuses et recherchées, lui dépeindre un monde si cruel, si affreux, fait de haine, de fourberies et de mensonges, qu'elle en resta saisie, tremblante, habitée en quelque sorte par un ouragan intérieur; il fallut l'amener au bar pour qu'elle puisse retrouver un pâle sourire et une faible lueur de confiance en Dieu et en la vie. Ayant compris que les Îles étaient plus *safe,* elle reprit sa valise et courut vers un taxi, fuyant ainsi une nuée de malheurs. Pour sa part, au premier appel, Tibi se dirigea précipitamment vers l'avion, fuyant aussi un rêve qui aurait été lourd à porter.

Pour notre part, après avoir connu deux jeunes gens qui faisaient du *charter* sur un petit voilier, nous avions décidé de filer à Gaspé. Le tout pour la modique somme de deux cents dollars. Nous avions songé proposer à Clara de nous accompagner. Quoique cela aurait peut-être été difficile, car il n'y avait vraiment pas beaucoup de place. Nous étions déjà quatre, ce qui était le maximum. De toute façon, après l'avoir cherchée toute une journée, sans succès, nous dûmes l'abandonner à ses amours et à ses illusions.

Nous avions levé le cap sur l'heure du midi, sous un ciel ensoleillé, par un temps assez frisquet. Nos deux capitaines, plutôt jeunes, semblaient quand même sûrs d'eux-mêmes et je les regardais manœuvrer avec admiration. Sur un voilier il y a toujours beaucoup à faire, et nul n'a le droit de rester inactif. Pour ma part, je m'occupai à ranger les provisions que nous avions déposées sur une couchette. Deux grosses boîtes! spaghetti, beans, jus, lait, tout en conserves. Il n'y avait que le pain qui prenait l'air. On aurait pu se nourrir pendant un mois. Ce qui m'inquiéta, étant d'une nature soupçonneuse, et ayant beaucoup d'imagination. Je ruminai qu'ils avaient peut-être prévu que le voyage durerait plus longtemps, que nous pourrions nous perdre ou passer par le Labrador. Je me mis à vérifier, discrètement, s'il y avait une boussole; je n'en trouvai pas. Inquiet, j'ouvris quelques tiroirs, ce qui était très indiscret de ma part, et soudain, face à la barre, j'aperçus un compas bien ancré dans le plancher. Ce qui me rassura. Je vis également dans un filet, fixé au mur, des cartes maritimes. Ayant repris confiance, je rangeai les boîtes dans une armoire à portes coulissantes qui longeait une couchette. D'ailleurs, sur un voilier, il y a des armoires partout. Pas un espace ne peut y échapper. Chaque centimètre carré doit avoir son utilité. Après avoir rangé les provisions, j'aidai Paulo à faire un peu de ménage. Si ma mère m'avait dressé à ranger les choses, je me rendis compte que l'éducation n'était pas la même pour tous: ces messieurs avaient laissé suffisamment de traîneries pour meubler toute l'aile B du musée du Louvre. Il nous fallut une bonne heure à replacer tout cela, pour me rendre compte que, sur le pont, c'était la belle vie. Ayant mis le pilote automatique, nos «barons» feuilletaient des magazines tout en se faisant griller la couenne. Je compris qu'une fois les voiles montées, et le «point» bien arrêté, il y avait quand même moyen de se détendre un peu. Par beau temps bien entendu. Le dernier chaudron récuré, nous décidâmes aussi de profiter du soleil. Ce qui ne sembla pas faire l'affaire. Notre arrivée sur le pont fit un très mauvais effet. Ces messieurs nous voyaient, en tant que passagers, plutôt confinés dans la cabine, à travailler de préférence. S'ils daignaient nous conduire à Gaspé (passages payés), il nous fallait quand même pas déranger plus qu'il ne le fallait. Cela ne nous fut pas dit d'une façon explicite; nous savions quand même lire entre les lignes. Si Tibi avait été

là, ils se seraient sûrement retrouvés par-dessus bord, tête la première. Paulo était plutôt pacifique. Et, en plus, il n'était pas du
genre à s'allonger pour se faire brunir. Il n'était pas par ailleurs
d'une espèce à se faire manger la laine sur le dos. Retournant
à la cabine, nous dénichâmes quelques romans policiers que nous
nous mîmes à digérer, allongés sur les couchettes. Nos compagnons ne semblaient pas tenir à nous voir la fraise, Paulo ferma
les deux panneaux de l'écoutille, si bien que nos hôtes, à leur
tour, furent confinés au pont. Se rendant compte de la chose, après
un certain temps, ils prétextèrent je ne sais plus trop quoi pour
avoir accès au lieu. Paulo leur dit:

«Vous vouliez la paix, vous l'avez.»

Suite à cette réplique, les panneaux subirent quelques coups
violents. S'emparant d'un marteau qui traînait sur une étagère,
Paulo se mit à frapper sur le plancher.

— Que faites-vous? demanda un des «malouins».

— Un trou, répondit celui-ci.

— Vous êtes malades!

— Vous nous foutez la paix, répondit-il, ou nous allons tous
couler ensemble.

Suivit un grand silence, le calme plat, jusque vers les six heures. Vint l'heure du repas. Quelques coups légers, tout ce qu'il
y a de plus poli, vinrent nous rappeler que, là-haut, l'appétit exigeait aussi ses droits. Pas rancunier pour deux sous, Paulo ouvrit,
invitant nos deux marins à s'installer. Descendant les trois marches, un de nos invités l'agrippa par son chandail, à la «Magnum»
ou autres séries américaines. Ayant soupçonné que quelque ven-
geance pourrait se manifester, je m'étais emparé du marteau que
Paulo avait déposé sur une couchette. Au même moment, l'autre
énergumène bondit aussi. Tout ça dans l'espace d'une minute.
Voyant un harpon qui servait pour la pêche sous-marine, Paulo
s'en saisit et se fit menaçant à son tour. Nos agresseurs durent
reculer et se retrouvèrent, à nouveau, sur le pont. Refermant les
deux panneaux, Paulo leur dit:

«Puisqu'il en est ainsi, nous nous reverrons à Gaspé.»

Nous installant autour d'une table mobile, nous dégustâmes
quelques sandwichs au pâté, quelques boîtes de crevettes, le tout

accompagné d'une bouteille de vin rouge que nous avions déni-
chée. À cause de ses principes fraternels, le maître avait du mal
à se faire à l'idée de laisser nos deux barbares sur leur faim.
Ouvrant un des hublots, il leur refila quelques sandwichs accom-
pagnés de deux cannettes de Coke. Vers les huit heures, toujours
selon ses habitudes, le soleil disparut lentement, ce qui obligea
nos prisonniers à chercher à rétablir de bonnes relations, espérant ainsi pouvoir passer la nuit dans la cabine. Méfiants, craignant quelque coup bas, nous avions préféré leur refiler, par le
hublot, deux sacs de couchage. Lors de cette opération, l'un des
«affreux» avait saisi le poignet de Paulo en le tirant violemment.
Espérait-il le faire passer par le hublot pour le précipiter à la mer?
Je ne sais pas, mais ce dont je me souviens c'est de m'être emparé
du harpon et de lui avoir piqué la main. Ce qui lui fit lâcher prise.
Ils durent alors passer la nuit à la belle étoile, se relayant à la
barre. Pour ma part, j'espérais pouvoir me reposer un peu, ce
qui ne fut pas le cas. Dormant près de l'étagère, où patientaient
nos conserves, je dus toute la nuit subir un concert de «cling-clang»
et de «clang-clang» que faisait cet orchestre anonyme au rythme
du tangage. J'appris ainsi que sur un voilier, non seulement il
faut savoir tout ranger, mais encore faut-il le faire scientifique-
ment pour ne pas avoir à subir un concert imprévu. Au retour
du soleil, quelques bruits m'éveillèrent et, regardant par les
hublots, j'aperçus la côte au loin. Une heure encore et nous y
étions. Il nous restait à sortir sans se faire amocher. Après avoir
amarré le voilier, nos deux Vikings nous attendaient sur le quai
avec un regard belliqueux. Nos panneaux ouverts, nous nous poin-
tâmes sur le pont avec, en main, nos armes respectives: le marteau et le harpon. Heureusement, car sans elles nous aurions eu
droit à un sérieux accrochage. Gardant nos ennemis à distance,
nous pûmes rejoindre un centre commercial situé pas très loin.
Jetant nos jouets, nous avions vaincu, au pas de course, escaliers
et couloirs pour sortir par une porte et nous retrouver, traversant
la rue, dans un snack-bar, où nous nous dissimulâmes, de notre
mieux, sur deux banquettes situées près de la cuisine. Qu'advint-
il de nos poursuivants? Dieu seul le sait. Apercevant un autobus

Voyageur, sur son départ, à toute vitesse, sans poser de questions, nous prîmes, à tout hasard, deux billets... pour Percé.

5

Percé

En cette fin de septembre, tout Percé se barricadait. Les touristes étant retournés chez eux avec quelques bibelots payés trois fois le prix et quelques nuits dans le même genre, la ville se retrouvait seule, abandonnée à l'automne qui s'en venait. Les propriétaires de snack-bars, magasins de souvenirs ou autres pièges à touristes, posaient de grands panneaux de bois qui couvraient toute la devanture et même parfois toute leur cabane. Ce n'était pas tellement à cause de quelques voleurs éventuels (surtout qu'il ne restait pratiquement rien), mais pour protéger les lieux contre le grand souffle de l'hiver qui, lui, viendrait à coup sûr. S'ils avaient pu abrier le rocher et en boucher le trou, ils l'auraient sûrement fait, car le pauvre, d'année en année, s'effritait de plus en plus. Les vieillards disaient aux jeunots:

— Regardez-le bien car, lorsque vous aurez mon âge, il n'en restera plus rien.

De cet immense emmitouflage il n'y avait plus, pour les quelques habitants du village, qu'une épicerie qui, elle, se devait de braver les quatre saisons. Un snack-bar, peut-être de mauvais gré, gardait aussi sa porte ouverte pour les quelques clients qui se rendaient à Rimouski ou à Montréal, et que l'autobus déposait là, le temps de prendre un café pendant que le chauffeur ramassait quelques colis qui s'ajoutaient aux passagers. Pour les voyageurs de commerce, assoiffés et fatigués, le *manoir Percé* gardait quelques chambres à leur disposition durant toute la saison froide, avec, à l'arrière, une petite taverne sur laquelle veillait une grosse horloge Molson, pour rappeler que le temps qui passe s'arrose. C'est là que les vieux de la place se ratatinaient tout l'hiver en attendant le printemps. Les plus jeunes, pour leur part, préféraient un hôtel situé à Beau-Bassin, où il y avait des danseuses nues et de la musique disco. Un chauffeur de taxi nous signala l'endroit et nous y conduisit prestement. Sans doute avait-il un arrangement avec le propriétaire de *La Cabouse* et touchait-il quelques dollars sur tous les clients qu'il rapaillait. Sitôt la porte ouverte, l'obscurité nous frappa de plein front; nos yeux mirent quelques minutes à s'habituer à l'ambiance. Notre vision ayant retrouvé la vue, nous aperçûmes sur un petit plateau circulaire, grand comme un trente sous, une danseuse nue qui se déhanchait sur une musique appropriée. Et pour la regarder, il fallait vraiment pas avoir le choix. Rien d'autre à l'horizon. Si son visage grassouillet était assez sympathique, tout ce qui suivait, en dessous, était dans un état lamentable. Des seins qui descendaient au moins jusqu'aux genoux et qu'elle faisait swigner, sans aucune illusion sur son anatomie, en sautillant sur ses pieds. Ce qui donnait, bien sûr, un effet très drôle. Pour les fesses c'était un peu pareil. Immenses. Quand elle les bougeait, cela faisait comme un courant d'air. C'était plutôt un numéro de clown qui avait un très lointain rapport avec la danse. Bien sûr qu'avec quelques bières dans le corps un gars s'amusait beaucoup. Mais pour un autre, encore à jeun, le tout était plutôt triste. En me rendant aux toilettes, j'aperçus derrière le bar, par une porte entrouverte, une petite pièce avec un lit défait. J'en conclus qu'en plus de danser, la dame se faisait aussi des petits à-côtés. Ayant repéré une table dans un coin de la salle, loin du péché et de la rumeur, nous nous y installâmes le plus discrètement possible, ne tenant pas plus qu'il le fallait à nous faire remarquer. Mais dans les petites villes de province, où il ne se passe jamais grand-chose, deux têtes inconnues attirent toujours l'attention. Ce qui ne manqua pas. Après nous avoir examinés par le biais, mine de rien, soudain un grand taupin s'approcha de notre table, se tira une chaise et s'installa carrément.

— Je vous connais, dit-il, pointant Paulo, je vous ai vu à Rimouski.

Nous nous attendions au pire! Mais non, très sociable, il lui tendit la main; Paulo, n'ayant pas d'autre choix, tendit la sienne aussi, et ce fut un solide et chaleureux serrement de pinces.

— Oui, monsieur, je vous ai entendu et je suis tout à fait d'accord avec vous. On se fait fourrer, on se fait voler, organiser, c'est écœurant. Et, moi, je suis pour la révolution. Tout casser, tout en l'air. À bas les pourris, et vive le partage, l'entraide et la justice! Si vous voulez m'avoir dans votre gang, je suis prêt à vous suivre n'importe où, n'importe quand pour faire n'importe quoi. D'abord, je vous invite chez moi. J'habite pas loin d'ici, en Irlande (du nom d'un rang ainsi nommé, un peu au-dessus de Percé). Je vais vous montrer mon stock. Vous allez voir que je suis bien organisé. Pis on va parler de choses sérieuses. D'abord, vous devez avoir faim?

Ce qui tombait pile.

— Je m'en vais vous faire la bouffe, pis après on verra. Moi, je suis votre ami. N'importe quoi dont vous avez besoin, gênez-vous pas, ça va me faire plaisir. Amenez vos valises, on va aller voir ma vieille.

S'il l'appelait ainsi, c'est peut-être qu'il l'avait assez vue, car elle était plutôt jeune et jolie. Il avait du goût, le Reynald. Et de la chance. En tant que play-boy, il n'aurait pas fait le poids, mais sympathique, avec une foi du maudit. La révolution, je pense qu'il y croyait encore plus que nous. Pourtant nous étions sincères. Mais il nous battait d'une marge. Étendant une carte sur la table de la cuisine, il se mit en train de nous expliquer, souligné de gros traits rouges ou noirs, comment il envisageait de séparer la Gaspésie du reste du Québec et de créer une société nouvelle basée sur le partage et la fraternité. Dans sa tête, tout était clair et simple et semblait pouvoir se réaliser facilement. Il suffisait, disait-il, de barrer la route à Sainte-Flavie, ce qui coupait, d'un côté ou de l'autre, toute entrée vers la Gaspésie. Côté mer, il prévoyait échelonner une flottille de bateaux de pêche qui s'étendrait, dans la baie des Chaleurs, de Gaspé à Chandler, à Carleton jusqu'à Matapédia. Côté fleuve: de Matane à Sainte-Anne-des-Monts, à Grande Vallée jusqu'à Gaspé. Ainsi aucune péniche de débarquement ne pourrait passer, chaque chalutier, caboteur, gondole ou pirogue abritant six hommes armés de fusils de chasse, de bâtons de base-ball, de sligne-shotes, de couteaux de cuisine ou carrément de gros cailloux. Les quelques croiseurs «fédéralistes» existants n'oseraient sûrement pas s'approcher avec leurs trois caisses de munitions et leurs trois obus. Il avait aussi l'intention d'alerter la presse internationale. Ce qui ferait sans aucun doute la manchette de tous les journaux puisque trois Arabes peuvent tenir sur le qui-vive toutes les lignes de communications, les télétypes, les satellites et la télévision. Devant cette avalanche de publicité, le gouvernement n'oserait pas mettre le «paquet» et serait plutôt porté à «moyenner». Il n'oserait pas non plus envoyer des gars du 22e, du régiment de la Chaudière ou des Fusiliers Mont-Royal, pour la simple raison que tous ces troufions viennent, pour la plupart, de la Gaspésie. Quant aux régiments des *Black Horses*, des *Black and White* ou des *Yellow Cucumbers*, c'est bien connu qu'à trois coins de rue de leurs casernes, ils sont complètement perdus.

«Mais les hélicoptères…», objectai-je.

«Nous allons mettre des trappes. Depuis le temps qu'on pogne des castors, on devrait être capables de pogner des hélicoptères.»

Nous fîmes semblant d'être éblouis devant ces plans dignes de Napoléon. Il poursuivit en nous expliquant que, pour un monde nouveau, la Gaspésie était vraiment une terre promise, puisque depuis des siècles les Gaspésiens avaient subi l'exploitation, l'humiliation et même parfois la persécution. (Entre autres, lorsque la RCMP leur courait après, dans les bois, pour les envoyer à la guerre.) Ils avaient donc, par leur histoire, un esprit ouvert à tout changement et au grand partage. D'ailleurs, après une promenade dans le village, nous en fûmes convaincus. Partout c'était: venez faire un tour à la maison, venez manger, venez coucher. Avez-vous besoin de ci, de ça, plus un petit coup par-ci, par-là. C'était vraiment la fraternité vécue dans sa totalité. Nous eûmes aussi droit aux tours de chaloupe. Pour ne faire de peine à personne, nous en avions fait vingt-trois, plus six fois le tour du rocher et douze fois celui de l'île Bonaventure, revenant de ces tournées les poches pleines de cailloux rares, plus des oursins, des morues, des homards, tout le bric-à-brac de Dieu dans de grands paniers. Même que parfois, sous le poids, la chaloupe semblait disparaître et nous avions l'impression de rentrer à pied. Ce fut tout simplement merveilleux. Dans les jours qui suivirent, nous eûmes aussi l'occasion d'aller dans les bois. Ils étaient juste derrière. Un mille et nous y étions. Furetant de sentier en sentier, les pieds dans les champignons, l'herbe à puce ou carrément du crottin. Parfois, entre deux branches, nous apercevions un derrière de chevreuil qui fuyait. Ou peut-être celui d'un orignal, d'un ours, mais enfin, parmi le magnifique feuillage de septembre, les maîtres du lieu nous montraient leurs culs. Ils auraient su parler que nous aurions eu droit à un «mange de la marde». Dans le fond je les comprenais. Nous étions, effrontément, dans leur domaine et sans invitation. Dans n'importe quel camping nous aurions eu droit au même accueil glacial. Le deuxième jour de ces ballades champêtres, soudain le soir tomba. Et le Reynald de dire:

«Tabarnacle.»

Ce fut tout. Mais un «câlice» en aurait dit autant. Avec le soir qui descendait, il venait de se rendre compte qu'il ne savait plus trop où il se trouvait. Il nous suggéra alors de faire des «youuu… youu…» qui attireraient peut-être l'attention de quelque chasseur rôdant dans les parages. Soudain, des bruits. Nous nous croyions déjà sauvés. Reynald nous fit signe de nous terrer et de la fermer. Pendant cinq minutes nous entendîmes des froissements de feuilles, des craquements de branches, puis plus rien. Et celui-ci de nous demander de ne plus faire de «youuu… youuuu…» car, ironie du sort, nous «youuuuissions» comme une femelle d'orignal. Ce qui attirait les mâles. Commença alors un long tâtonnement, cherchant, à tout hasard, un sentier qui aurait pu nous ramener sur le bon chemin. Rien. Il n'y a rien de pire, dans le bois, que de se demander: est-ce par ici ou par là? Des «par là» il y en a de tous les côtés. Lequel est le bon? Dans la forêt tous les «par là» se ressemblent. Tout à coup le noir. Au début de la soirée, on peut toujours y voir encore. Le vrai «noir» de la nuit, c'est terrible. Et ça tombe subitement comme le reste.

Notre arrivée au monde, notre première fessée, notre première blonde. «Le noir», je crois que c'est encore ce qu'il y a de pire. On peut à l'occasion broyer du noir; ce n'est rien à côté du vrai. Car là nous ne voyons exactement plus rien. Il faut avancer au «radar». Et la nuit, dans les bois, les radars ne voient pas plus que nous. Suivit alors une suite «d'enfargeages» du pas possible. Un pétage de fraises du maudit. Nous nous cognions partout où c'était possible de le faire. Et les branches! Si parfois vous n'êtes pas au courant, dans les arbres il y a des branches. Celles du haut, vues de loin, avec de jolies feuilles, donnent un joli coup d'œil. Celles du bas, la nuit, quand on les a carrément sur la gueule! Avec toutes les taxes que nous payons, je ne comprends pas que le ministère des Terres et Forêts ne songe pas à faire un petit ménage dans les bois. Ce serait plus propre et plus agréable pour les randonnées nocturnes. Cela ferait aussi de l'ouvrage pour des centaines de chômeurs qui pourraient, par la même occasion, se refaire une santé. La meilleure façon de vider les hôpitaux, ce serait encore d'envoyer les gens dans la nature. Cette nuit-là, cette idée n'avait pas encore dépassé le stade de ma pensée, et toute la branchaille existant s'était donné la main pour nous barrer le chemin. Après une heure de ce martyr, nous aperçûmes, au loin, une petite lumière. «Eurêka», aurait dit celui qui l'a déjà dit. Soudain, les branches s'évanouirent et nous galopions comme des éléphants, écrasant tout sur notre passage, insensibles à toute douleur. Nous abordâmes l'étoile des mages complètement épuisés, saignant, geignant, mourant, enfin tout pour plaire à un gars de l'Ambulance Saint-Jean. Toujours poli, je frappai discrètement à ce qui s'avéra être un camp de chasse. Rien. Avant de tourner la poignée, je jugeai plus prudent de répéter le geste, trois ou quatre fois, de plus en plus fort. Soudain, un rugissement.

— Quossé que tu veux, tabarnacle?

Alors d'une voix, la plus humaine possible, je répondis:

— C'est parce que nous sommes perdus.

Et le monstre d'enchaîner:

— Débrouillez-vous. Nous autres on va à la chasse à cinq heures et on veut dormir. T'as compris, ostie!

J'allais répondre quelque chose, lorsque dans le cadre de la porte apparut une sorte de géant en combinaison, son fusil de chasse à la main, qui nous dit:

— Je m'en vais tous vous tirer, mes sacrements. On veut dormir, vous comprenez pas ça?

Au même moment, il épaula. Le temps qu'il tire un premier coup, nous galopions déjà comme des gazelles. C'est dans cette retraite forcée que je pus constater, observant Paulo, que même les plus grands penseurs, quand c'est le temps de décamper, détalent, comme un vulgaire soldat qui s'aperçoit tout à coup que tous les autres ont sacré le camp. Après avoir pédalé pendant environ cinq cents pieds, tout à coup, dans le noir, deux gros yeux. C'était un ours ou quelque chose dans le genre. Sur le coup, tout le peloton remit le cap dans le sens opposé avec l'ours qui suivait. De retour à la cabane, j'ouvris la porte brusquement en criant:

— Attention... un ours.

Au même moment, il arriva et, ne pouvant ralentir son élan, entra directement dans le camp. Je sortis et refermai pour aller me réfugier, suivant les autres, derrière une grosse roche située à cinq ou six embardées de là. Ce que nous entendîmes alors relève de la pure tragédie grecque. D'abord un grand bruit suivi par des hurlements, des hostie, des saint-ciboire, et soudain une grosse flamme qui sortait par la cheminée, tandis que nos chasseurs faisaient de même, par la porte, pieds nus et en combinaison. Et ce n'était pas chaud. Il semblerait que l'ours, en entrant, aurait embouti le poêle à bois qui, sous le choc, se serait renversé, tous les tuyaux à l'avenant. Nos chasseurs auraient alors sursauté (dans ces occasions, saoul pas saoul, tu sursautes) pour tourner d'abord en rond et finir par prendre la porte. Ce qui était la meilleure chose à faire. Une fois dehors, ils se répandirent en propos, peu élogieux, à notre égard.

— Oùsqui sont les hosties, les tabarnacles. Si on les poigne, on les tue.

Soudain, sortant de la cabane, nous pûmes apercevoir comme une boule de feu qui filait droit devant elle. Pendant ce temps, dans un autre camp, tout ce vacarme avait éveillé d'autres chasseurs. Le temps d'allumer un fanal et d'ouvrir la porte, la boule arriva et entra directement dans le chalet. À nouveau, des cris, des hurlements, le feu, les chasseurs fuyant pieds nus et en combinaison. Et ce n'était pas plus chaud. Tout cela pour un petit renseignement. Quand quelqu'un s'informe de son chemin, il vaut mieux lui répondre, car cela risque de faire des histoires. Sentant que nous avions intérêt à faire de l'air, nous reprîmes nos errements pour entendre, soudain, comme un bruit de chute.

— C'est la rivière, dit Reynald. C'est la rivière. On est correct. On a juste à la suivre et on va arriver au grand chemin.

Suivre une rivière, ce n'est pas comme marcher sur un tapis. Tout d'abord, il n'est pas question de marcher «dedans», car le fond n'est pas nécessairement en caoutchouc mousse mais serait plutôt changeant: l'eau vous passant des chevilles au nombril, le temps de faire un pas de trop. Il n'y a rien de plane dans la nature: que les arbres, après avoir fait un détour par le moulin à scie. Alors nous l'avions suivie en longeant la berge, risquant sans cesse une foulure ou un plâtre quelconque. Après une demi-heure de sautillements et d'acrobaties en tout genre, nous étions, enfin, parvenus au chemin. C'est Reynald qui l'avait aperçu le premier. Nous, dans le noir, nous ne voyions rien du tout. Les Gaspésiens, ils ont l'œil. À force de se chercher une job, ils ont tous les sens extrêmement développés. Par contre, il ne faut pas qu'ils s'égarent, car alors ils ne valent guère mieux que les autres. C'est comme un Montréalais: il peut vous conduire n'importe où, les yeux bandés, mais n'allez pas changer les rues de place. Nous nous étions alors rendu compte que nous n'étions pas si loin. Quand on ne sait plus lequel bord est le bon bord, on s'imagine toujours être perdu dans la jungle brésilienne. À peine les deux pieds sur la terre ferme, nous avions aperçu des phares qui s'approchaient.

— Tout le monde en dessous du pont, avait dit Reynald, ce sont les chasseurs.

Effectivement, nous les avions vus passer, à dix pieds de nous, en combinaison, le fusil en main, des gros mots à l'avenant, de quoi faire rougir le frère André et tout l'Oratoire. Même que je craignais qu'une malédiction nous tombe sur la tête. La nuit, Dieu est un peu comme tout le monde: il entend mais ne saurait dire d'où est-ce que ça vient. Après trente secondes de réflexion intense, Reynald nous avait exposé la somme de cet effort mental.

— Je crois, nous dit-il, que nous avons intérêt à ne pas traverser le village, car, je ne sais pas si vous avez remarqué, là-bas...

Il pointa quelque chose. Nous nous retournâmes pour apercevoir des flammes qui montaient vers le ciel. Un feu de forêt. Les poêles à bois avaient dû en refiler, un peu, autour d'eux. Et Reynald de continuer:

— Les gars sont sûrement allés réveiller le village. Dans quinze minutes le truck de pompier va se ramener, plus cinquante chars remplis de chaudières d'eau, de bassinettes, de chaudrons. Puis la police provinciale, le maire, les échevins. Il ne faut absolument pas que personne ne nous voie. Car ce ne sera pas long que les chasseurs vont nous faire de la publicité. Nous allons suivre la voie ferrée et nous terrer chez moi. Elle passe juste derrière ma maison.

Le temps que nous enfilions la voie, déjà, d'un côté, les flammes montaient de plus en plus haut; de l'autre, tout le village se ramenait avec le tocsin qui sonnait. Inutile de vous dire que sur la *track* le «trac» nous gagna et que nous nous étions fait aller la vapeur. Il était environ onze heures quand nous nous «effoirâmes», à moitié morts, sur le grand divan de salon. Et sa femme de lui demander, tout énervée:

— D'où est-ce que vous venez? J'étais terriblement inquiète. Ça fait depuis neuf heures que je me fais du mauvais sang. Je me suis dit: ils se sont peut-être perdus dans le bois. J'ai même téléphoné à la police.

— T'as pas téléphoné à la police?

— Oui. Je leur ai dit: je pense qu'ils se sont perdus dans le bois. Je viens de les rappeler justement. Ils m'ont répondu: on va attendre qu'il fasse un peu plus clair pis on va aller voir. Je les ai engueulés: je suppose que vous allez les laisser mourir de fret avant de vous grouiller le cul.

— Madame, la nuit dans le bois on voit pas à deux pas.

— Envoyez vos chiens.

— On peut pas, dans le noir ils ont peur.

Et Reynald de s'effondrer.

— T'as appelé la police!

— Ben quoi! qu'est-ce que tu voulais que je fasse?

La conduisant à la fenêtre de la cuisine, il lui dit:

— Tu vois là bas?

— Mon Dieu... un feu de forêt!

— C'est ça. Alors il ne faut pas que personne sache que, cette nuit, nous étions dans le bois. Tu comprends?

— T'as pas mis le feu toujours?

— Oui pis non. C'est une histoire ben compliquée. Je te raconterai. Pour l'instant, voici ce qu'on va faire. D'abord, vous autres, il faut pas que personne vous voie. Vous allez rester ici. Moi, je vais monter au feu. Il faut que je me montre, sans ça il y en a qui vont avoir des doutes.

— J'ai déjà dit à la police que tu étais monté dans le bois.

— Je vais essayer d'arranger ça. Je vais leur dire que j'étais supposé y aller avec deux amis, mais qu'ils avaient changé d'idée et qu'ils étaient repartis pour Montréal; que j'ai passé la soirée à jouer aux cartes avec Barnabé.

— Il va falloir l'avertir.

— Je m'en vais lui donner un vingt. Puis ils pourront pas ben ben l'obstiner puisqu'il est pogné dans sa chaise roulante. Je vais décoller tout de suite.

Une fois qu'il fut au feu, aussitôt des gars lui étaient tombés dessus.

— C'est-t'y toi qui as amené les deux gars dans le bois?

— Les deux gars?

— Ceux que t'as rencontrés à l'hôtel.

— Ah! ils sont repartis pour Montréal.

— C'est pas vrai. Tu devais les amener dans le bois.

— On avait parlé de ça, mais ils ont profité d'un *lift* pour descendre à Montréal.

— Un *lift*?

— Je ne sais pas, un gars qu'ils connaissaient.

Et un des chasseurs, toujours en combinaison, de lui dire:

— Moi, je te crois pas. Il va falloir checker cette affaire-là de plus près.

— Tu checkeras ben ce que tu voudras. Mais qu'est-ce qui est arrivé?

— Tu le sais. Tu étais là.

— Moi, j'ai passé la soirée à jouer aux cartes chez Barnabé.

— C'est là qu'on te pogne hein! Barnabé est descendu à l'hôpital de Rimouski pour ses examens.

— Quand ça?

— Hier. C'est là qu'on t'a, hein, mon maudit! L'ours, c'est toi, mon tabarnacle.

— Quel ours?

— On va te rafraîchir la mémoire nous autres.

S'ensuivit une empoignade. Au même moment, le sergent Gauthier se ramena.

— Qu'est-ce qui se passe ici?

Et chacun de commencer à raconter l'histoire. Le sergent venait juste de se faire casser les oreilles, avec ça, depuis une demi-heure.

— O.K., ça va. Je la connais. Qu'est-ce que t'as à dire, toi?

Et Reynald d'éclater.

— On s'était perdus. Tout à coup on a vu une lumière. On s'est dirigés par là, et juste comme on frappait à la porte pour demander notre chemin, y'a ce Saint-Ciboire... comment tu t'appelles déjà?

— Morel.

— Y'a ce Morel qui a ouvert la porte pour nous insulter. Après y'a pris son fusil pour nous tirer dessus.

— C'est pas vrai, répliqua Morel.

— Certainement que c'est vrai. J'ai deux témoins. Ça fait qu'on a pris nos deux jambes à notre cou pour nous retrouver, cent pieds plus loin, face à un ours. On a reviré de bord à nouveau pour aller nous réfugier dans le camp, mais juste comme on ouvrait la porte, l'ours est arrivé derrière; alors on l'a laissé passer pis on a refermé.

Et Morel de rager:

— C'est ça qui est écœurant, criminel. Faire entrer un ours dans un camp où il y a quatre gars qui dorment.

— Si tu nous avais indiqué notre chemin, ça ne serait jamais arrivé.

— Arrêtez-le, de japper Morel, arrêtez-le, c'est un fou.

— On verra ça demain. pour l'instant il faut arrêter le feu. Et se mettre à creuser des tranchées, à abattre des arbres, à garrocher de l'eau.

Puis, au petit matin, une petite pluie fine qui passait par là s'était mise de la partie et avait réglé l'affaire en cinq minutes.

Revenant au village, Reynald avait rencontré deux gars qu'il connaissait vaguement. Il leur avait demandé si pour cent piastres ils nous descendraient pas à Montréal. C'est ainsi que nous quittâmes Percé, dans un petit matin brumeux, où on ne pouvait même pas distinguer le rocher. Nous sûmes plus tard que pendant deux jours les chasseurs nous avaient cherchés. Reynald avait eu beau leur dire que nous étions partis, ils nous avaient cherchés quand même. Ne nous trouvant pas, ils avaient alors essayé de tout lui mettre sur le dos. Il avait su si bien se défendre que l'arme s'était retournée contre eux et qu'ils avaient dû déguerpir à toute vitesse. Pour notre part, chemin faisant, Paulo avait ressorti toutes ses grandes théories. Les gars avaient si bien tout gobé que, rendus à Montréal, ils ne voulaient plus repartir, déjà prêts à faire tout sauter. Nous avions eu beau leur dire au revoir, adieu, ils ne décollaient pas, bien décidés à endosser notre cause. C'est à partir de cette rencontre que notre vie fut un peu bousculée.

6

Les cocos

S'il y a quelque chose qui peut écœurer un «penseur» dans le monde, ce sont bien les zélés. Ceux qui, croyant avoir pigé, deviennent plus catholiques que le pape. C'est d'ailleurs pourquoi plusieurs d'entre eux en vinrent à détester les catholiques. Les mangeux de balustres, les plus oratoristes que l'oratoire en personne. Toujours un cierge à la main, prêts à faire rôtir à feu bas tous les tièdes et les indécis. Si l'enfer est pavé de bonnes intentions, c'est bien à eux qu'on le doit. L'histoire est pleine de bûchers ou de camps par leurs œuvres. Sur le chemin du retour, assis en arrière du char, Paulo, ayant la mauvaise habitude d'exposer ses vues sur le monde et la vie en toute occasion, se rendit compte tout à coup qu'il avait affaire à deux fanatiques sans cesse à la recherche d'une cause pour faire du grabuge. Ayant trouvé là quelque chose qui leur plaisait, ils se nommèrent, eux-mêmes, membres à vie de l'organisation (là où il n'y en avait pas) sans plus d'invitation. Rendus à Montréal, ils nous collèrent au cul comme la mouche à celui de la vache. À tout moment, ils nous relançaient, nous talonnaient, exigeant de l'action tout de suite, des bombes, des morts, le grand soir à la carte. Paulo essayait de leur expliquer qu'il fallait d'abord commencer par le commencement: informer les gens, changer leur façon de penser, leurs attitudes, rien à faire. Eux ne parlaient que d'enlèvements, de bombes, d'action. Paulo leur avait bien dit qu'il ne marcherait jamais dans ce genre de choses, qu'il était contre la violence et les révolutions. Que celles-ci n'avaient jamais rien changé, n'apportant que d'autres maîtres souvent pires que les premiers; plus d'injustices et plus de malheurs. Écoutant d'une oreille, ils mijotaient de l'autre. (Si je peux dire.) Pour eux, amener les gens à penser autrement était beaucoup trop long. Ils n'en verraient jamais la fin. Ce qu'ils voulaient, c'était du «tout de suite». Pas demain, dans dix ans, tout de suite. Le genre de disciples à fucker une cause. Sartre les aurait mis à la porte sur-le-champ et Mao les aurait fait fusiller. Pour notre part, nous cherchions simplement à nous en débarrasser. Ce qui n'était pas facile. En même temps, nous nous étions mis à la recherche de Tibi dont nous avions perdu la trace. Ayant été chez lui, nous apprîmes qu'il n'habitait plus là. C'est par un *waiter* de sa brasserie préférée que nous sûmes qu'il était en prison pour au moins un an. Une affaire de drogue semblait-il. Comme ce n'était pas son genre, nous eûmes l'impression qu'il s'était fait avoir dans quelque patente. Lui rendant visite à Bordeaux, il nous raconta brièvement, à mi-voix, que si jamais nous rencontrions une demoiselle, du nom de Victorine, de se tenir loin. Que c'était une maudite. Elle, puis son père, sa mère, ses deux sœurs, sa grande tante ainsi qu'une autre par alliance. Que c'étaient tous un gang de bandits qui pouvaient cacher de la drogue jusque dans le filtre de nos cigarettes. C'est bien ce que nous avions pensé. Il s'était fait avoir. Il faut dire aussi qu'il avait le don de racoler des filles du pas possible. C'est comme s'il était aveugle. Là où n'importe qui aurait vu la nièce d'Al Capone, lui voyait la sœur du cardinal Léger. Nous aurions voulu lui donner quelques nouvelles, mais, le temps était déjà écoulé, un garde vint nous prévenir qu'il fallait nous retirer. Nous eûmes à peine une minute pour lui jurer notre amitié éternelle. En sortant de la prison, nous eûmes l'impression que nous nous y retrouverions bientôt. Car nos deux énergumènes ne perdaient pas leur temps. Zoé et Jean-Jacques qu'ils s'appelaient de leurs petits noms. Zoé, comme un révolutionnaire du temps des Romains, et Jean-

Jacques comme l'autre. C'est ainsi qu'un matin ils nous annon-cèrent, heureux, détendus, qu'ils avaient trouvé l'appartement.

— Quel appartement?

— Celui pour garder nos prisonniers. Il y a un grand sous-sol qui communique avec le garage. On peut les faire entrer sans que personne n'en sache rien.

— Vous allez retourner à Percé, dit Paulo, et nous câlicer patience. Je veux rien savoir de vous autres. Vous comprenez, rien. J'aime mieux m'arranger tout seul.

— Mais on veut vous aider.

— Je vous remercie, mais ce n'est pas nécessaire.

— D'abord on va vous aider malgré vous. Si vous avez de bonnes idées, vous avez aucun sens de l'action. Il y a pas une révolution au monde qui aurait réussi avec vos méthodes de chauf-feur d'autobus.

— Mais, leur répondit Paulo, il n'y en a pas une qui a réussi. Vous m'entendez? Pas une.

Après, les choses sont toujours revenues au même point. «La nôtre réussira, car nous sommes les plus forts.» Levant le bras gauche, ils crièrent: «Ce n'est qu'un début, continuons le com-bat. Nous vaincrons. Vive la révolution!» (Toutes les conneries de circonstance.) Ils se retirèrent.

Paulo était en beau joual vert. Il sentait qu'ils allaient nous amener du trouble. Ce qui ne manqua pas. À peine deux jours plus tard, le *Journal de Montréal* annonçait en manchette: «NOU-VELLE TECHNIQUE DE HOLD-UP».

Et l'article de relater que deux jeunes bandits avaient déva-lisé trois dépanneurs en se servant de canettes au gaz tranquilli-sant, en vente aux États-Unis, pour les femmes qui se font attaquer. Il suffit d'en asperger l'agresseur pour que celui-ci subisse une légère paralysie passagère. Nos deux énergumènes avaient ainsi gazé trois employés ou proprios de dépanneurs, plus deux dober-mans et quelques clients agressifs, pour se sauver ensuite avec le contenu de la caisse. Ce qui fit bien rire la population, celle-ci se réjouissant souvent d'un bon coup dans le genre. Il y eut réac-tion. Les commerçants à leur tour se procurèrent ces canettes pour se défendre. Le problème, c'est qu'ils se mirent à gazer ainsi un

peu tout le monde. Tous ceux qui avaient une tête un peu louche
y passaient. Et Dieu sait que les clients n'ont pas toujours des
têtes de clients. Tout en trouvant, nous aussi, l'affaire amusante,
nous eûmes quand même certains soupçons. La chose se corsa.
Après les dépanneurs, il y eut des enlèvements. Et tous de gros
bonnets. Président de ci, directeur de ça, et toujours avec la même
technique: le gaz paralysant. Tout le monde y passait: les secrétaires, les gardes de sécurité, tous gazés, paralysés, sur le cul.
Le maire de Montréal demanda de faire interdire la vente de ces
canettes. Celles-ci s'avérant une bonne affaire, les marchands
poussèrent quelques grognes. De toute façon, interdit ou pas, il
est difficile de contrôler la circulation de ce genre de choses. Tout
peut se faire au marché noir sans que les autorités n'y puissent
rien. Il n'y a que la conscience des gens qui puisse agir dans ces
circonstances. Mais comme la plupart n'en ont pas! Pour notre
part, après les enlèvements, nous sûmes à quoi nous en tenir. Et
c'est sans étonnement que nous vîmes arriver nos deux perroquets,
tout fiers. Que faire? Leur casser la gueule n'était pas une solution. Les dénoncer à la police non plus. Car c'est bien pour cela
qu'ils nous rendaient visite. Si nous posions un geste en ce sens,
ils feraient en sorte de nous mouiller aussi. Et dans ce genre d'histoire, une fois les pieds dedans on ne connaît jamais la suite. Quoique cela ne nous inquiétait guère plus que ça. Nous préférions
cependant trouver une autre solution; des fois que, tassés dans
le coin, les jeunes auraient pu avoir des réactions imprévues. Il
nous fallait songer aux otages. C'est d'ailleurs pourquoi nous
acceptâmes de leur rendre visite. Assis derrière une voiture avec
chacun une paire de lunettes noires, pour nous empêcher de bien
reconnaître le trajet, après mille détours, nous arrivâmes à leur
repaire. Ils étaient là, quatre, tous dans la cinquantaine, bedon-
nants, étant plus habitués à un bon cigare ou à un bon cognac
qu'à ce genre de situation. Vêtus d'une sorte de pyjamas de pri-
sonnier (ils avaient pensé à tout), ils avaient le bras gauche menotté
à une chaîne d'environ huit pieds, qui elle-même, était reliée à
un long tuyau qui traversait la pièce. Ce qui leur permettait de
circuler, sans plus. Lorsque nous arrivâmes, ils étaient assis chacun dans un fauteuil, feuilletant un magazine ou faisant un jeu

de patience, gardés par un autre marsouin, venant d'on ne sait trop où, qui servait aussi de cuisinier. Il était armé. Nous interrogeant des yeux, ils semblèrent croire, un moment, que nous venions les libérer. Comme il nous avait été interdit de leur parler, nous ne pûmes guère les réconforter. Revenant au salon, Jean-Jacques nous présenta une bande vidéo sur laquelle ces messieurs s'accusaient de tous les péchés, dénonçant ce monde de mensonges à peu près dans les mêmes termes que Paulo. Ils avaient été bien préparés. Cela le mettait cependant dans une drôle de situation. Ce n'était vraiment pas le moment de les dénoncer à la police. Jean-Jacques nous demanda de laisser cette cassette dans une cabine téléphonique et d'appeler la police. Une lettre exigeait que la bande soit diffusée au bulletin de nouvelles de six heures, sinon... Ce qui était carrément enfantin. Comme si cela allait changer le monde. Quoi qu'il en soit, nous acceptâmes de faire la commission. Laissant le paquet dans une cabine téléphonique, nous nous dissimulâmes dans l'entrée d'un immeuble à appartements pour observer la suite. Celle-ci nous réserva une surprise. Un individu, ayant à faire un appel, repartit avec le paquet sous le bras. La police arrivant sur ces entrefaites, nous sortîmes de notre cachette le temps de crier en le pointant: lui là-bas, lui, et de disparaître. La police se saisit du gars sur-le-champ et, s'il y a un pauvre yâble qui dut s'ennuyer de sa mère, ce soir-là, ça doit être lui. (Aussi la police dut-elle se poser des questions sur les deux gars qui l'avaient signalé. Comment pouvaient-ils être au courant?) En fin de compte, les autorités refusèrent de passer le message. Si bien que, après avoir attendu deux jours, nos joyeux enlevèrent deux cadres d'une compagnie quelconque.

Ils étaient maintenant six dans le sous-sol, attachés à leur tuyau, couchant sur des matelas, mangeant de la pizza et pissant sous surveillance. Inutile de préciser qu'au bout de quinze jours à ce régime, ce n'était pas le paradis terrestre. Tout le monde se détestait, s'engueulait pour un rien. L'Enfer. Surtout que les présidents de compagnie, ou directeurs dans le même genre, n'ont jamais tellement fait dans la fraternité. La loi des affaires étant le «chacun pour soi»..., ne développe pas le civisme et les belles manières. Le pire c'est que les deux cocos commençaient à

s'écœurer et la bonne entente à s'effriter. Pendant que ça s'engueulait au sous-sol, en haut ça n'allait guère mieux. Nous nous vîmes
dans l'obligation d'aller porter une autre cassette dans laquelle
nos deux cadres y allaient de diverses confidences à déclencher
une émeute ou deux. Il était question de crocheries en tout genre
et aussi d'environnement. Le pauvre fleuve Saint-Laurent perdait beaucoup de son intimité. Comme dans une chicane de
ménage, le boue ne manquait pas. Nous laissâmes ce deuxième
témoignage dans une autre cabine téléphonique, mais encore une
fois le «coco» partit avec le paquet. La police arriva juste à temps
pour le cueillir. Mais celui-ci s'avéra être un Anglais. Insoup-
çonnable, il fut relâché. Le gouvernement continua à ignorer l'exi-
gence des terroristes. Ceux-ci, comme le veut l'expression, étaient
fourrés. Deux jeunes «flos», aussi fanatiques fussent-ils, ne
pesaient pas gros devant la réalité d'un monde organisé à sa façon,
même si cela ne faisait pas leur affaire. Surtout que dans le repaire
les choses empiraient. Non seulement les hôtes s'engueulaient
copieusement, mais les invités, sentant que ça ne tournait pas rond,
en profitèrent pour monter un coup. En pleine nuit, soudainement,
ils se mirent à chanter, gueulant à pleine voix *Ô Canada* ou *Minuit
chrétien,* chansons écrites spécialement pour toutes situations par-
ticulières et dramatiques nécessitant du courage et de l'esprit de
décision. Se réveillant en sursaut, nos gardiens descendirent précipitamment au sous-sol pour essayer d'imposer l'ordre et le
silence. Ceux-ci n'en continuaient pas moins à gueuler. Zoé, ayant
apporté sa 22, se demandait s'il ne devrait pas tirer un coup ou
deux, soit en l'air, soit carrément dans les jambes. Cela était
impossible à cause des voisins. Si ceux-ci n'habitaient pas nécessairement à proximité, cette «pétarade» fit écho quand même à
leurs oreilles. Ce qui fait que le téléphone se mit à sonner, puis
peu après, la porte. Ne sachant que faire, pris de panique, nos
deux moineaux, plus le cuisinier, jumpèrent dans le char et dis-
parurent à toute vitesse. Ils arrivèrent ainsi chez Paulo vers les
quatres heures du matin, lui demandant de les héberger. Celui-ci
me téléphona et je me précipitai chez lui pour me retrouver en
plein conflit. Paulo gueulait, les traitant de petits cons, leur disant
de disparaître à jamais, et encore, et encore, et encore. Vexés

de se faire ainsi rabrouer, à la pointe du fusil, ils nous enfermè-
rent dans une garde-robe et déguerpirent. Il nous fallut presque
deux jours pour nous sortir de là. C'est que, lorsque l'on est «penseur», on se prend toujours un appartement insonorisé pour pouvoir penser en paix. Si on se «poigne» dans un garde-robe, il y
a un problème. Quant à nos deux héros, nous n'en entendîmes
jamais plus parler. J'ai l'impression que l'été, à Percé, pendant
la saison touristique, il y en a qui doivent se cacher, de peur parfois de faire une mauvaise rencontre.

7

Le voyage

Nous venions, ce soir-là, de terminer une conférence dans une petite salle du quartier de Saint-Henri, lorsque deux hommes plutôt costauds s'étaient amenés à l'arrière-scène. Nous présentant une pièce d'identification, ils nous demandèrent de les suivre. C'est ainsi que nous nous étions retrouvés au quartier général de la police, rue Bonsecours. Dans une petite pièce du quatrième étage, ils nous exposèrent rapidement ce qui nous valait cette attention inattendue de leur part. Ayant eu l'occasion d'assister, depuis peu, à quelques-unes de nos conférences, ils trouvaient curieux que les thèmes exposés soient identiques à ceux débités à la télévision lors des enlèvements. Paulo admit que cela relevait de la même forme de révolte, mais qu'il n'y était pour rien. Nos interlocuteurs ne semblaient pas disposés à accepter cette réponse. Loin de là! Ils avaient, c'était clair, quelques idées toutes faites derrière la tête, et leur comportement changea radicalement. Suivirent des claques, des empoignades, des levées de corps motivées par des «prises de cheveux» qui auraient dépeigné même un chauve; plus une lumière de 500 watts dans les yeux, enfin tout pour impressionner, intimider, déculotter n'importe quel criminel endurci. Le tout, agrémenté de diverses questions aussi embarrassantes les unes que les autres:

— Où étiez-vous à telle date, que faisiez-vous, que mangiez-vous, que pensiez-vous, que disiez-vous, à qui, pourquoi, comment, assis, debout?

Pendant cette interview, je me disais:

— Que dirait Tibi? Que ferait Tibi (qui était pour moi l'image même de la force et du sang-froid)? Alors, je répondais:

— C'est pas vrai, je sais pas, c'est pas moi, j'étais pas là, demandez à ma tante, je vous le jure sur la tête du pape, j'y suis pour rien, lâchez-moi, maudit beu, sauvage..., enfin tout «l'average» du parfait innocent.

Paulo disait à peu près comme moi, et soudain (pourquoi? cherchez), il se mit à répondre en allemand. Ce qui eut un effet magique. Je ne savais pas qu'il connaissait cette langue: lui non plus d'ailleurs. Alors ce furent des shlung, des shlang, des shling, des andverben, ashtung, swiftangberg, krutsgertang et cinquante autres mots qu'il allait chercher je ne sais trop où. Toute mon admiration lui était acquise. Soudain, se dressant pour conclure la tirade, il leva le bras gauche ou droit, peut-être les deux, je ne sais plus très bien, et cria avec une conviction étonnante:

— Heil, Hitler!

Nos deux policiers, comme saisis d'effroi, sortirent précipitamment pour aller chercher de l'aide. Nous en profitâmes pour enfiler le couloir à notre tour, descendre le premier escalier disponible, et sacrer le camp en passant le plus calmement possible devant le policier à l'entrée. Hélant un taxi qui passait, Paulo nous fit conduire au terminus Voyageur. Deux billets, un autobus, et nous étions en route pour Val-Morin. Pourquoi? J'ignorais. Dans ce genre de situation, je posais rarement des questions et je suivais. Après une heure et quelque de trajet, le chauffeur nous déposa sur la 117 près d'un panneau indiquant «Val-Morin». Comme il se dirigeait vers Mont-Laurier, son parcours ne comprenait pas d'arrêt dans le village. Nous dûmes marcher quelques milles pour arriver devant un chalet passablement délabré. Qui vivait là? Je l'ignorais. Je savais, par contre, que Paulo avait des relations, ou des «caches», un peu partout. C'est une dame, dans la cinquantaine, qui nous ouvrit. Pas très jeune, mais de la race, de la classe. Pas très riche non plus. Qu'importe. Cunégonde, de son petit nom. Je restai étonné. Je croyais que ça ne se trouvait plus. Surtout que le prénom ne correspondait pas du tout au personnage. Comme elle était née dans la région, cela pouvait s'expliquer. Peintre de son métier, elle avait passé sa vie dans son village. Enfin jusque-là. Elle connaissait Montréal de nom et n'avait jamais cherché à y faire carrière. Elle vendait ses toiles à des touristes, d'été ou d'hiver, et en laissait en dépôt dans des boutiques d'artisanat à Sainte-Adèle ou Saint-Sauveur. Nous nous étions présentés. Il était quand même assez tard, puisque nous avions attrapé le dernier autobus. Mais elle nous avait ouvert comme s'il était l'heure du souper. C'était une couche-tard. Puis, je me rendis compte que nous avions marché tout ce trajet, dans la nuit, avec quelques rares lumières qui éclairaient la route et un ciel sans lune. Mais tout à mes pensées je n'y avais pas porté attention. Après quelques bises de circonstance, Paulo expliqua ce qui nous amenait. Très détendue et très recevante, elle nous offrit sa maison, le temps qu'il nous faudrait pour sortir de ce pétrin. Nous y demeurâmes environ une semaine. Pendant ce temps, Paulo réussit à rejoindre Clara, lui demandant de se ramener la fraise le plus vite possible, avec son dramaturge. Il avait quelque chose à lui proposer. Par la suite, il m'expliqua que la meilleure façon de faire passer des idées, c'est encore par le théâtre. Un dramaturge peut se permettre d'envoyer promener un roi, ses ministres, un gouvernement et toute la société sans s'attirer d'ennuis trop sérieux, la chose étant acceptée et faisant partie des traditions. Aussitôt qu'un orateur monte sur une estrade pour débiter quelques propos violents, il est tout de suite classé parmi les anarchistes, les révolutionnaires, les «dangereux». Motivés par ce principe, de retour à Montréal, nous accueillîmes Clara et son prince à l'aéroport de Dorval. L'auteur, Léonard de son petit nom, mordit sur-le-champ à l'appât. S'il ne débordait pas de talent, il avait quand même beaucoup d'ambition. C'est ce qu'il y a de plus courant et de plus motivant pour la plupart des gens, des génies aux pires nullités. Le lendemain, nous mettant au travail, je me rendis compte qu'il avait toutefois du savoir-faire et de l'expérience. Cependant, ce qui lui manquait le plus, c'étaient les idées. Si on lui fournissait de la matière première, il pouvait traduire le tout en dialogues, tableaux, entractes, rideaux et acclamations, le temps de le dire. Si bien qu'après trois semaines de travail intense, «la bombe» était sur papier, prête à exploser. Il restait encore à monter le tout. Trouver des comédiens, faire la mise en scène, répéter, imaginer un décor, coudre des costumes, etc. Je me rendis compte que, si la création n'est pas de tout repos, pour ce qui est de la «production», c'est la guerre totale. Comme chialage, obstinage, engueulades et empoignades, je n'avais jamais vu mieux. Après je compris que, si un Hitler peut imaginer une «solution finale», bien assis dans son bureau, la pratique est toujours plus doulou-reuse. Et cette montagne de haine, de mépris et de prétention (toute la chose théâtrale, quoi) qui dura un bon mois. Suivit une géné-rale. À mon grand étonnement, le tout avait quand même de l'allure. Paulo, pour sa part, semblait enchanté. La pièce était construite en deux actes et six tableaux. Tous les thèmes de ses conférences s'y retrouvaient, sous forme de dialogues ou de mono-logues: le mensonge, le conditionnement, le détournement de la conscience, la guerre, les États, l'argent, l'idée de Dieu, tout. Rien ne manquait. Et, présenté de cette façon, le côté «révolu-tionnaire» était atténué; tous les propos devenaient clairs, comme évidents (de la pure vérité), les spectateurs ayant la vague impres-sion d'avoir toujours pensé de cette façon. On ne pouvait guère mieux atteindre notre but. Plus de contestation (du moins au début), de bousculades comme lors des conférences. Au contraire, les gens semblaient partir contents, comme soulagés. Il faut dire aussi que le truc du confessionnal était assez bien réussi. C'était une idée de Paulo. Un gros confessionnal, traditionnel, à deux places, suivi d'un autre à quatre places pour finir avec un dernier à six places. Semblables aux boggies, dans le temps. La pièce débutait par un bourgeois qui venait exprimer quelques remords, pendant qu'un autre attendait son tour. D'ailleurs toute l'action tournait autour des remords. Tout le monde en avait et venait s'accuser de tous les péchés. Le curé, très conservateur, pardon-nait, excusait, «contritionnait», bénissait «au boute»! Ce qui avait le don de mettre les personnages en beau joual vert. Quand quelqu'un est rongé de remords, ce n'est pas le moment de lui pardonner. Il préfère, de beaucoup, se faire traiter de tous les noms. Pourquoi? On ne sait trop. C'est comme si cela lui soula-geait la conscience. Après, il peut recommencer sans se troubler. Le pardon et le ferme propos sont plus embarrassants. Après, nous nous sentons obligés de faire mieux. Cela peut devenir un Enfer mental insupportable. Personne n'aime se sentir «tenu» de bien se conduire. C'est quand même un effort. Même les saints, mal-gré toute leur bonne volonté, péchaient sept fois par jour. Donc le curé pardonnait. Ce qui donnait lieu à des réactions violentes. Il se faisait sortir de sa cabine, traîner dans un bordel, un club de cartes, un champ de bataille. En se faisant dire que ce n'est pas le pardon qui allait changer quelque chose. Rencontrant d'autres pécheurs rongés de remords, c'est alors que l'on trans-portait le confessionnal à quatre places, que les comédiens traî-naient eux-mêmes, avec des «hostie de tabarnacle que c'est pesant pour meubler». Suivaient une confession générale, quelques ablu-tions, et la chicane recommençait, attirant d'autres clients. Ce qui les obligeait à utiliser le confessionnal à six places. Ce n'était pas encore suffisant. Car, plus la pièce continuait, plus il y avait du monde. Si bien qu'ils pouvaient se retrouver douze dans la cabane qui branlait de tous les côtés, avec le curé qui étouffait, tout le monde par-dessus lui. Réussissant à se dégager, il commençait à engueuler la salle. Venez m'aider, bande de lâches, crétins. Naturellement personne ne bougeait. Ou alors, si quelques-uns se risquaient, les autres les recevaient si bien qu'ils allaient se faire rembourser. Venait la grande finale. Le curé distribuait des fusils, et tous de tirer dans la salle en criant: vous êtes tous des salauds, des dégueulasses, des affreux, etc. Naturellement c'étaient des balles à blanc. Quand même, sous l'effet de la surprise, toute l'assistance se retrouvait en dessous des sièges. À ce moment, le technicien fermait les lumières et une musique diabolique, à cent décibels, se faisait entendre pendant que toute la distribu-tion lançait des pétards en hurlant:

— Vous êtes en Enfer... vous êtes en Enfer.

Suivait une panique générale. Des cris, des pleurs, des gens piétinés, du sang! On rallumait. Les spectateurs, se ressaisissant, voulaient faire un mauvais parti aux comédiens. Ceux-ci, les mena-çant de leurs fusils, tiraient en l'air en criant: «Ce sont des vraies balles, ce sont des vraies balles!» La foule reculait et la salle se vidait. Ne restaient que les plus lucides qui savaient que, dans le fond, tout ça n'était que du théâtre. Suivaient quelques applaudissements. Salut. Rideau. Salut et pour bien finir la soirée, une bombe, avec de la fumée, une odeur de poudre, comme une vraie. Le dernier quart de braves fuyait, les jambes à leur cou. Épuisés, les comédiens retournaient à leurs loges. Certains pleuraient. D'autres voulaient tout lâcher. Pour ravigoter leur courage, le metteur en scène sortait une bouteille de cognac qu'il déduisait des recettes brutes. C'est ce qu'on appelle un «pro». Après quelques représentations, le bouche à oreille faisant son œuvre, la critique se ramena la fraise. Démolissage en règle. La pièce était lancée.

Tous les soirs, c'était salle comble. Il faut dire aussi qu'il n'y avait que 75 places. Comme nous en refusions le double, le succès allait de soi. Nous avions essayé d'obtenir une salle plus vaste, mais partout où nous nous adressions, la «boîte» était déjà retenue pour dix ans et plus. Comme un genre de boycottage. Ce qui nous obligea à continuer au *Théâtre du Vieux Lapin,* situé sur la rue Roy. Au début, le patron semblait enchanté, mais après une quinzaine de jours, la contestation refaisant son apparition, il désenchanta. Tous nos anciens «fans» avaient rappliqué. Comme toujours, cela commençait par quelques propos désobligeants, puis, de crescendo en crescendo, nos comédiens finissaient par ne plus s'entendre. Les «ceuses» qui voulaient écouter protestaient. La tension montait, suivie de quelques poussaillages, tout comme dans le bon vieux temps. Le metteur en scène avait bien essayé de faire quelque chose, mais, à chaque fois, s'était retrouvé dans le fond du confessionnal. Quant au patron, il avait atterri derrière le snack-bar. *Les fées...* à Boucher, à côté de ça, c'était de la petite bière. Le propriétaire décida d'interrompre les représentations. Nous le suppliâmes de nous donner encore une chance, lui promettant de contrôler les entrées. Et chaque soir, tout ce qui ressemblait à un taupin, une brute, une armoire à glace ou un coffre-fort sur deux pattes, était automatiquement refoulé. Bien sûr que ce n'était pas facile. Tibi, de sa prison, nous avait expédié trois de ses amis. Six gros bras et des vrais. Quand un éléphant, se voyant refuser l'accès à la salle, cherchait un argument, il en trouvait un, mais avec toute la pression nécessaire. Tout cela était de la provocation. C'était évident. Organisée par qui? Peut-être la police ou le maire en personne. Une chose est certaine, c'est que nous dérangions quelqu'un, ou plusieurs, quelque part. Avec ce service d'ordre, nous pûmes fonctionner tranquillement pendant une semaine. Ce n'était que partie remise. L'ennemi cherchait et trouva. Des bombes puantes. Il s'agissait d'y penser. Et filtrer ces pétards, ce n'est pas un cadeau! On ne pouvait quand même pas fouiller tout le monde. Aux bombes s'ajoutèrent des spécialistes du karaté, du kung-fu, du kong-kong, tout le Japon en personne. Tous des petits, des malingres, pas repérables, mais capables de fendre une porte en deux d'un seul regard. Trois ambulances vinrent ramasser nos trois costauds et nous dûmes plier bagages. En démocratie, vous avez le droit de tout dire, mais d'autres ont aussi le droit de vous la fermer. C'est la *game*. C'est alors qu'un imprésario au sang froid nous proposa une tournée que nous acceptâmes avec un grand soulagement. Car après tout ce travail, il aurait été humiliant d'être obligés d'abandonner à cause de l'opposition, si violente fût-elle. D'ailleurs, ce n'était pas notre genre; et notre agent de nous expliquer qu'en province les choses se passeraient mieux. Les gens étant plus peureux, plus soumis, se manifestant rarement. Par mesure de sécurité, nous ressortîmes la vieille règle de trois. Trois spectacles par ville, pas un de plus. Le premier soir, il y avait les curieux, pas méchants, bon public. Je n'oserais dire qu'ils s'en allaient contents. Dans la journée, le bouche à oreille faisant son chemin, le lendemain nous amenait un public un peu plus agressif. Le tout n'allait pas plus loin qu'un regard froid ou un air de beu. Le troisième soir était le plus difficile. Car alors les enragés, les «décidés» se ramenaient. C'était le chahut. Rien de comparable à Montréal, mais quand même un peu de bruit et des commentaires désobligeants. Ce troisième soir, la police était sur les lieux. Toujours la règle de trois: c'est-à-dire qu'il leur faut, en moyenne, trois jours pour comprendre ce qui se passe. Alors, avec la police sur les lieux, nous n'avions pas à faire «la police». Elle le faisait elle-même. Le quatrième soir se ramenaient les ligues du Sacré-Cœur, de

Tempérance, de Bonne conduite, du Cœur de Jésus, etc. Mais nous étions déjà loin. La règle de trois, c'était vraiment la solution. C'est ainsi que nous pûmes nous produire à Lévis, Rivière-du-Loup, Rimouski, Matane. Ensuite sur la rive Nord: Chicoutimi, Roberval et Alma. Nous nous étions réservé Québec pour la fin. Comme une cerise sur le gâteau. Ce fut une réussite totale. Le premier soir, les hauts fonctionnaires, quelques ministres et tous les snobs de Sainte-Foy. Le deuxième, les intellectuels de l'Université Laval, professeurs et élèves, les médecins et gynécologues de l'Hôtel-Dieu et la crème des journalistes. Le troisième, toute la plèbe des environs, Limoilou, Saint-Malo, de la paroisse Saint-Jean Baptiste, plus quelques cultivateurs de l'île d'Orléans. Et à mon grand étonnement, il n'y eut ni violence, ni propos mal venus. Cela se passait après. Comme la ville est le siège du Parlement, les gens ont l'habitude de s'engueuler entre eux. Et ce sont les restaurants huppés des alentours qui écopèrent. Pour notre part, nous nous vîmes dans l'obligation de pique-niquer dans nos chambres pour ne pas risquer quelques rencontres orageuses. Mis à part ce petit inconvénient, nous étions enchantés des réactions. Pour une fois, nous avions été écoutés avec attention. Même la critique nous avait trouvé quelques bons points. Québec, voilà une ville civilisée. Ce n'est pas là qu'une révolution aurait eu souche. Mais, par contre, les gens sont ouverts aux idées nouvelles et savent respecter les penseurs ou les innovateurs. C'est d'ailleurs dans cette merveilleuse ville, une porte sur le monde, que nous eûmes l'occasion de rencontrer un imprésario français du nom de Crésus Beaumarrier. Je n'aurais jamais cru que ce nom existait, mais je dus me rendre à l'évidence. Il était parisien selon son dire. En voyage, tous les Français sont parisiens. Mais sans doute venait-il de quelque coin reculé du Poitou ou de la Vendée. S'occupant de théâtre, toujours selon ses dires (mais il faut bien finir par croire quelqu'un), il nous offrit une tournée dans la mère-patrie. Pas au *Théâtre Antoine* ou à la *Comédie des Champs-Élysées* bien sûr; mais, pour débuter, dans quelques villes de province, et, si les réactions s'avéraient chaleureuses, peut-être aussi en Suisse et en Belgique. Après un triomphe hypothétique, nous envahirions alors Paris. Bien entendu que nous devrions défrayer tous les frais de passage. S'il s'appelait Crésus, cela n'allait pas plus loin. Nous nous mîmes à faire de savants calculs pour en venir à la conclusion que nous étions trop nombreux, qu'il nous fallait faire un tri, quitte à prendre les seconds rôles sur place. Il y eut quelques pleurs et beaucoup de grincements de dents. Tel est ce métier: pour une joie, un océan de déceptions. En observant le «Crésus», j'en vins à la conclusion que c'était un peu le même genre que le «Léonard». Grand parleur, mais de petits moyens. Par contre, beaucoup d'expérience. À se casser la gueule, on finit par apprendre. Et c'est sans doute grâce à ce bagage qu'il nous fit remarquer que l'avion était un peu cher pour nos moyens et qu'il nous conseilla de prendre plutôt un cargo. Il y en a qui partent tous les jours pour les quatre coins du monde, disposant de quatre ou cinq cabines pour des passagers. Bien sûr, il faut avoir le pied marin. Un cargo, ce n'est pas un paquebot de 80 000 tonnes. Quand une vague passe par en dessous ou par-dessus, on la sent. Chacun d'entre nous n'ayant guère pris, de toute sa vie, qu'un autobus «Voyageur», nul ne pouvait jurer de ses pieds. Marins, montagneux, personne ne le savait. Tous brûlaient cependant de tenter l'aventure. Le voyage durait entre dix et douze jours. Cela dépendait des banquises, de la lune du capitaine. Direction Le Havre. Mais nous pouvions tout aussi bien nous retrouver à Plymouth. Après, il ne restait plus qu'à traverser la Manche. Ce qui n'était pas bien grave. En temps de guerre, il aurait mieux valu s'abstenir. En temps de paix, aucun problème. Nous étions huit: Paulo et moi-même, plus les six premiers rôles (le curé, le militaire, l'homme d'affaires, le politicien, le gangster et la veuve, rôle que tenait Clara). Depuis que la critique du *Devoir* l'avait démolie, elle ne savait plus si elle devait continuer. Pourtant, elle se défendait pas si mal (pour son peu de talent!). Surtout quand elle allait coucher avec le curé, derrière le confessionnal, les jambes en l'air, c'était bien joué. Même Monique Lepage n'aurait pu faire mieux. Quand les critiques décident d'entreprendre quelqu'un, ce n'est pas un cadeau. Alors elle avait mangé la claque et cela l'avait sérieusement ébranlée. Paulo lui avait remonté le moral. Par contre, une chose l'inquiétait et c'était son cul. De ne pas savoir si elle avait le pied

marin ne semblait pas la troubler outre mesure. Ce qui la chico-
tait c'était de se retrouver la seule femme à bord avec un capitaine, deux officiers, huit membres d'équipage et sept camarades
plus ou moins sûrs. Paulo lui jura, sur tous les dieux, de la protéger même contre le diable. Ce qui la rassura un tantinet, mais
pas le Léonard. Il décida de nous accompagner. Il n'en était pas
question. Notre budget étant sérieusement limité, il n'y avait pas
de place pour l'auteur. D'ailleurs un dramaturge, son travail fini,
n'a plus rien à faire dans le décor. On n'a jamais vu Marcel Dubé
suivre ses pièces en tournée. Il ne voulait rien savoir. Nous non
plus. Il décida de payer lui-même son passage. Hélas! il n'y avait
plus de place. Il dut se choisir un autre cargo. Celui-ci allait à
Marseille. Il embarqua quand même, bien décidé à garder le contact par radio. Ce qui était très faisable. Aujourd'hui, en pleine
mer, vous pouvez, si l'envie vous en prend, téléphoner chez vous.
Nous voici partis. Deux par cabine, plus une pour Clara, et le
décor dans le fond de la cale. Quant à Crésus, il avait décidé de
prendre l'avion. Les affaires sont les affaires. Pas de temps à perdre. Je compris alors que, s'il se serrait la ceinture pour les autres,
dans son cas, il la desserrait de quelques trous.

Le voyage ne fut pas un enchantement. Sur huit paires de
pieds, il y en avait deux de «marins», les autres vomissant et râlant
dans leurs cabines. Le hasard voulut que les bons portaient Bibi,
Paulo et Tibi. Nous héritâmes donc des rôles de médecin, infir-
mière, pharmacien, etc. Les premiers jours furent les plus durs.
Puis un vieux matelot nous expliqua qu'il valait mieux les saou-
ler. Il nous fallait, de toute urgence, trouver quelque remède à
quarante degrés. Le cuisinier, fin finaud, avait prévu le coup. Il
avait de l'expérience. Nous n'étions pas les premiers passagers
à faire la traversée. Alors il avait tout ce qu'il fallait. Il était un
homme d'affaires. Aucun sentiment. Le tout nous revint à cinquante dollars la bouteille, plus des biscuits soda à dix dollars
la boîte. Ce qui faisait au total trois cents dollars. Cela aurait pu
nous coûter plus cher si, sur les derniers milles, nos malades
n'avaient pas réussi à ajuster leurs pieds. Pendant ce temps, trois
fois par jour, le Léonard téléphonait. Ce qui emmerdait joyeusement le sans-filiste. Soudain, en ayant plein le cul, il lui annonça,

froidement, qu'elle était tombée à l'eau, disparue, kaput à jamais. Prenant très mal la chose, ayant tout gobé, un peu naïf, comme tous les dramaturges, saisi d'un profond désespoir, il s'était mis à boire, à boire si bien, et là c'est du vrai, qu'un coup de vent un peu plus décidé l'avait passé par-dessus bord. L'officier de service lui avait expédié une bouée. Ne sachant pas très bien nager, plus quelques gorgées d'eau salée, il était disparu. Le cargo, imperturbable, avait continué son chemin, le capitaine se contentant d'inscrire la chose dans son livre de bord et de le signaler, par radio, à quelques bureaux du trafic maritime. Ce sont des choses qui arrivent. Quand la nouvelle nous parvint, nous crûmes tout d'abord qu'il s'agissait d'une blague. Finissant par comprendre que ce n'était pas un roman, nous nous concertâmes pour décider de garder ça secret jusqu'à l'arrivée. Ce n'était vraiment pas le moment de l'annoncer à Clara. Surtout que, prenant un peu de mieux, elle semblait roucouler une roucoulade avec un jeune galonné du bord. Quand la santé revient! Mais tous ces messages, ces appels avaient fini par rappeler au vieux qu'il y avait une femme à bord. Toujours entre deux vins, il semblait l'avoir oublié. Sortant de sa timonerie, il se mit à longer les couloirs, reniflant à chaque porte comme un saint-bernard cherchant un alpiniste disparu. Ayant fini par découvrir la cabine, il s'aperçut qu'il avait de la concurrence. Le Dom Juan se retrouvant dans la cuisine, à récurer les chaudrons, le vieux s'essaya. Clara lui avait alors expédié un coup de pied au bon endroit. Nous avions entendu un grand cri pour enfin apercevoir le capitaine qui remontait péniblement, s'agrippant à tout ce qui s'agrippait. Le lendemain il nous convoqua pour nous annoncer qu'il y avait une femme à bord (ce qu'il ignorait, disait-il), que c'était interdit dans les règlements et que nous devrions lui trouver un autre moyen de transport pour finir la traversée. Nous lui demandâmes une suggestion.

— À pied, répondit-il.

Voyant qu'il était saoul, je lui demandai de nous prêter quand même une chaloupe ou un radeau.

— À pied, à pied, répétait-il, en se frottant au bon endroit qui semblait encore douloureux.

Dans un éclat de génie, Paulo sortit nos titres de transport où il était bien écrit que le «transporteur» se devait de transporter ses passagers à bon port. Cela sembla le désaouler et il nous jeta dehors, tête la première, nous accrochant au bastingage, aux bouées, à l'ancre ou à la cheminée pour ne point nous retrouver également à la flotte. Pour ce qui est de la fin du voyage, il ne nous resta plus qu'à se watcher le cul, se faire le plus petits possible, presque invisibles. Prenant nos repas à la table des officiers, nous reniflions tous les mets pour ne pas nous faire empoisonner, le cuisinier ayant un dangereux sourire en coin. Quant à Clara, elle resta enfermée dans sa cabine, craignant quelque viol. Nous lui apportions les vivres. Pour ce qui est de son amoureux, nous le croisions, quelquefois, le long d'un couloir ou sur le pont, le regard effaré, n'osant plus nous parler, passant ses journées là-haut, à côté du radar, près du bureau du capitaine, chacun s'épiant, se surveillant. Soudain, un matin, les côtes françaises, le drapeau tricolore, plus quelques «cons» que nous amenait le vent. Accostant au Havre, nous descendîmes la passerelle en passant tout d'abord devant le capitaine qui ne nous salua même pas, nous regardant d'un air méfiant. Il n'avait pas tort. Aussitôt les pieds à terre, après avoir salué Crésus qui nous attendait, nous pressâmes le pas vers les bureaux de la Police maritime. Quand je dis «nous pressâmes», c'est là de la vantardise. Car après douze jours sur la mer, le tangage nous avait suivis. Si bien que nous marchions en nous accrochant les uns aux autres. Arrivant à la boîte à beurre qui servait de bureau, le capitaine était déjà là. En nous voyant descendre, il ne s'était pas méfié pour rien. Voulant porter plainte, l'officier nous fit comprendre que cela risquait d'être long, et quasi inutile, car, sortant une feuille, il nous débita une série de reproches formulés à notre égard par le maître à bord. Toutes des inventions aussi saugrenues les unes que les autres. Ayant l'équipage derrière lui, prêt à témoigner en sa faveur, il ne nous resta plus qu'à nous retirer et à suivre Crésus qui nous amena au Café de la Gare manger des tripes à la mode de Caen (la spécialité du pays) tout en attendant le train pour Paris. Nos estomacs étant encore plus ou moins à l'envers, les plus fragiles se retrouvèrent dans les toilettes comme de vrais passagers venant de traverser l'Atlantique. Le Crésus, pour sa part, s'était tapé un filet mignon. Il avait du savoir-vivre. Pour la deuxième fois, je crus remarquer que lui et les autres étaient complètement différents. Il profita de ce répit pour nous dire qu'il avait trouvé le restant de la distribution. Tous des premiers prix du Conservatoire, futurs pensionnés de la Comédie Française. Paulo eut l'idée de lui demander s'ils parlaient joual. Aucun problème, nous dit-il, ils parlent tous cinq ou six langues avec cinq ou six accents différents. Habitués à travailler avec les «cancres» du Conservatoire de la Province de Québec, nous brûlions de connaître ces cas rares. N'ayant que quelques heures devant nous avant de prendre le train, nous étirâmes quelques cafés cognac, jusqu'aux limites de la patience du garçon de table, et Paulo profita de cette allocation sur le temps pour amener Clara à l'écart, et lui annoncer, avec tous les ménagements de circonstance, la mort de Léonard. Elle prit très bien la chose. Comme un genre de soulagement. Aucun chagrin, larmes et mouchoir. Elle semblait avoir beaucoup d'acceptation et nous restâmes tous admiratifs devant sa force de caractère. Vint l'heure du train. En France il faut savoir respecter les horaires, car ils partent toujours à une seconde près. Parlant de «seconde» nous y étions justement, tandis que le Crésus voyageait en première. Toujours poli, affable, il eut quand même la politesse, durant le trajet, de se déplacer pour venir s'informer si nous étions confortables. Occupant tout un compartiment, notre accent nous valut la visite d'un Français du compartiment voisin (il y en avait beaucoup sur le train comme par hasard), qui vint nous dire qu'il avait séjourné au Québec quelques années. Il nous parla tout d'abord très poliment de nos lacs, de nos montagnes et de nos orignaux. Puis élevant le ton, il nous avoua que ce voyage avait été pour lui une dure épreuve, presque un guet-apens. Il était venu de toute bonne foi, motivé par une publicité trompeuse, croyant y trouver du travail, deux fortunes par coin de rue et le bonheur. Au lieu de tout cela, il s'était retrouvé sur le chômage, avait été obligé de balayer pour des compatriotes «restaurateurs» (et quand on sait comment les Français paient mal) et avait connu les épreuves les plus cruelles, presque égales au camp de concentration. Paulo lui expliqua que tout cela était un coup d'Ottawa,

qu'il n'y avait jamais eu chez nous le moindre soupçon de travail, et que tous les Québécois vivaient, leur vie entière, une
épreuve digne des plus grands pogroms. Pour bien terminer la
réplique, nous nous levâmes comme un seul homme pour lancer
un vibrant «Vive la France!» qui le boucha ben raide. Celui-ci
retournant à son compartiment, nous pûmes nous assoupir un peu,
jusqu'à la gare Saint-Lazare, rêvant, à chaque soubresaut, à quelque tempête océanique.

8

La France

Arrivant vers les 22 heures, gare Saint-Lazare, Crésus nous dirigea vers sa voiture stationnée rue Amsterdam. Et juste de l'autre côté de la rue, Paulo aperçut des demoiselles qui faisaient le «tapin». Il s'arrêta, surpris, et les examina un long moment, comme possédé par un débat intérieur. Peut-être avait-il déjà lu quelque bouquin mettant en vedette des «guidounes» parisiennes, et, de les apercevoir en chair en en os lui avait fait comme un certain effet. Il sut se ressaisir. Ce n'était pas le moment d'aller faire du service devant toute la troupe. Cela n'aurait vraiment pas fait sérieux. Je compris alors que les plus grands penseurs (peut-être le pape itou), devant une prostituée se sentent «travailler» la nature humaine. Pourtant il avait dû déjà en apercevoir sur «La Catherine». Comme elles opèrent en solitaires, éparpillées ici et là, l'effet n'est pas le même que d'en voir six «en ligne» devant un bistro parisien. Crésus, s'apercevant de la chose, se rappela qu'il avait aussi une vie sexuelle et les observa quelques instants. Les autres, se rendant compte qu'il se passait quelque chose, suivant nos regards, les aperçurent à leur tour. Si bien que, pendant quelques minutes, nous étions tous là, à les contempler, comme des visiteurs contemplant la Joconde au Musée du Louvre. Pour notre part, nous étions comblés puisqu'elle était là avec ses sœurs.

Ce court moment de tendresse passé (car la tendresse passe et les problèmes demeurent), nous essayâmes de tous nous engouffrer dans la voiture de Crésus. Comme il s'agissait d'une quatre chevaux, la chose s'avéra impossible. Il fallut avoir recours à un taxi. Traversant la ville à toute vitesse (car à Paris tout se fait vite), avec à peine le temps d'apercevoir, au loin, la tour Eiffel, nous aboutîmes dans un petit hôtel de la rue Guisarde, à Saint-Germain-des-Prés: deux chambres, quatre lits et bidets mais les W.-C. au bout du couloir. Les plus chanceux se retrouvèrent à deux par matelas et trois durent se tasser un peu plus étant donné que Clara, refusant de collaborer, occupait tout un lit. Le lendemain fut jour de congé, avec, tout d'abord, un petit déjeuner traditionnel (croissants et café) dans un bar-tabac de la rue Dufour. Puis, décidant de ne pas gaspiller notre argent dans les taxis (le char à Crésus ne s'étant guère amélioré), nous avions décidé de nous initier aux secrets du métro parisien. Avec le plan en main et un peu de comprenure, il nous fut possible de nous rendre à l'Étoile pour découvrir, émus et émerveillés, l'arc de Triomphe et les Champs-Élysées. Tout le reste se fit à pied. Paris est une ville faite pour les pieds (on y marche beaucoup) et pour les yeux! Tout est à regarder. Descendant les Champs-Élysées, nous arrivâmes au rond-point, et de là, à la place de la Concorde, les Tuileries, le Louvre, l'avenue de l'Opéra, les Boulevards, et encore, et encore, s'arrêtant en chemin pour nous reposer et nous rafraîchir dans quelque café, toujours là, à la portée de la main, quand le besoin s'en faisait sentir. Puis, suivant les conseils de Crésus, par des petites rues et des escaliers, nous nous étions retrouvés Place du Tertre, à Montmartre, juste à côté du Sacré-Cœur. Et surprise! le Crésus nous avait invités à manger *Chez Eugène,* un petit restaurant fort sympathique et pas trop cher. Nous étions attendus; notre table était déjà prête et nous n'eûmes même pas à choisir un menu, tous les plats défilant les uns après les autres, nos goûts devant s'enligner sans discussion. Le Crésus avait tout arrangé, tout négocié, et tout payé d'avance. Sans doute pour un bon prix. Une fois de plus, je me rendis compte que lui et les autres, ce n'était pas la même chose. Si nous avions droit au steak-frites, lui commandait plutôt du canard à l'orange et des asperges à la sauce béarnaise. Enfin, comme en France il faut faire comme les Français, on se la ferma. Le repas s'étant éternisé, enrobé de longues conversations, la soirée était déjà avancée lorsque Crésus nous proposa d'aller faire un tour à Pigalle juste en bas de la Butte. C'est en descendant la fameuse rue du même nom, avec des filles devant chaque bar, que nous nous aperçûmes soudain qu'il manquait des joueurs. Faisant mine de chercher un peu (tout en nous doutant très bien où ils étaient passés), nous continuâmes notre chemin pour nous retrouver encore avec quelques disparus. Quelques coins de rue de plus et je dus me rendre à l'évidence que même Paulo et Crésus étaient manquants. Nous n'étions plus que deux: Clara et Bibi.

Nous avions profité de ce premier tête-à-tête pour aller boire un pot à la brasserie Saint-Georges, rue Notre-Dame-de-Lorette. Et, tout en causant, pour la première fois j'eus l'occasion de découvrir Clara. Dans le va-et-vient des conférences, ou de la chose dramatique, nous n'avions jamais pu vraiment nous connaître. Assise à une table, près de la cuisine, elle a pu se laisser aller en toute quiétude, car, à cette heure-là, il ne restait plus que quelques rares clients. C'est ainsi qu'elle me «cadra» son enfance dans un récit où il y avait beaucoup de chicanes, de batailles et même un meurtre. Sa mère. Sa propre mère. L'assassin? La chose n'avait jamais été éclaircie. Il semblerait qu'elle aurait eu une vie cachée. Un amant, un voyageur de commerce sans doute, car ils n'avaient jamais réussi à l'identifier, et encore moins à lui mettre la main au collet. Bien sûr que pour des enfants, se faire assassiner «la mère», cela n'est pas l'idéal. C'est pourquoi la plupart de ses frères et sœurs avaient plutôt mal tourné. De la prostitution, du banditisme, un suicide, de l'alcoolisme, etc. D'ailleurs ce n'étaient pas les morts qui manquaient dans sa famille. Il y en avait beaucoup. Des noyades, des dégringolades, des enfargeages, des bousculades et des «obstinages» plutôt violents. C'est pourquoi, lorsque le Léonard avait pris une débarque par-dessus bord, cela ne l'avait pas dérangée outre mesure. L'habitude. Si toute sa famille était presque disparue, le «bonhomme» tenait encore le coup. Plutôt vieux, placé dans un foyer quelconque, il continuait à faire du trouble partout, tout en calant sa douzaine de bières quotidienne, dont il faisait aussi commerce pour les vieux ivrognes pognés dans des chaises roulantes. En plein le genre de vieux fatiguants qui n'en finissent plus de finir, meurent à 95 ans pour aller directement en Enfer. Pour la sainteté il est préférable de mourir jeune. Plus cela s'étire, plus le «passif» s'allonge. Après cette confession générale, je compris mieux pourquoi, côté «amoureux», elle semblait instable. Cherchant sans doute à combler un grand trou, sans savoir que dans ce genre d'*average,* on n'y arrive jamais. Vers les minuit, remontant la rue Pigalle, nous avions jeté un dernier regard dans quelques bars, espérant récupérer nos fuyards. Personne. Nous n'avions pas poussé notre investigation jusque dans les hôtels. Le «péché» étant ce qu'il est, il est préférable de ne pas s'en mêler et d'en laisser les retours à notre sainte mère l'Église, spécialiste en la question.

Le lendemain matin, le Crésus étant venu frapper à nos portes, je me rendis compte, au grand rassemblement, que tout le monde était là. Un peu «poké» peut-être, mais debout, prêt à continuer l'aventure. Et la suite fut une rencontre avec les comédiens de la région qui devaient remplacer ceux que nous n'avions pu amener. Après une première lecture, tout de suite l'ambiance s'alourdit. Il fallut d'abord nous rendre à l'évidence que pour l'accent, ce n'était pas exactement ça. Même pas ça du tout. À cent milles de toute ressemblance. Nous préparant à faire quelques commentaires, nous n'en eûmes jamais l'occasion car, frappant les premiers, les camarades se mirent à dénigrer la pièce à belles dents. Que c'était «con», enfantin, à peine le B-A BA de toutes les révoltes. De bonnes intentions, peut-être, de bons sentiments, mais du cuit, du ressassé, complètement dépassé; que les Français étaient rendus beaucoup plus loin et que cette petite pièce «bleuette» ferait rire tout le monde. Même s'il était ouvert à la critique, à la suite de ces propos nettement désobligeants, Paulo se senti froissé. En beau joual vert, il se fit un devoir de leur répondre, le tout entrecoupé de «câlice» et de «tabarnacle», dont ils ne semblaient pas comprendre la présence dans la conversation, mais qui les saisirent quand même. Comme une machine qui se «crinque», le ton allant en augmentant, Paulo fit un bril-

lant exposé durant lequel la France entière mangea une claque.
Défendant ses thèmes les plus chers, il leur garrocha:

— S'il y a un pays au monde où les gens se font voler leur
vie, c'est bien en France où les travailleurs sont souvent surex-
ploités; s'il y a un exemple sur terre où l'argent fait ses ravages,
c'était bien en ce lieu, tous les Français ne pensant qu'à leurs sous,
à leurs bas de laine. Pour ce qui est de la patrie, du drapeau et
de la gloire militaire, il n'y a guère d'autres pays où ces valeurs
aient fait tant de victimes.

Tous les mensonges qu'il dénonçait étaient particulièrement
bien incrustés dans les traditions et la vie quotidienne des Français, peuple conservateur et arriéré, s'il en est. C'est ce dernier
mot qui déclencha les hostilités et fit monter la tension. Heureusement que le Crésus avait du sang-froid, du savoir-faire et une
bonne voix. Car en trois mots et quelques solides empoignades,
il rétablit l'ordre. Chacun se rassit en silence, nous du moins,
les autres se retirant sans faire plus de bruit. Tout à coup il me
vint à l'esprit que Crésus était aussi un Français et que les propos
de Paulo l'avaient peut-être blessé. Pas du tout. La France, son
histoire et son drapeau semblaient être les derniers de ses problèmes. Pour lui, c'était d'abord le «pognon». Le reste! Alors, prenant la parole, il se mit à nous calmer et à nous redonner confiance.
Il lui semblait clair que notre pièce était une petite mine d'or,
qui provoquerait sûrement quelques réactions, mais que le public
viendrait en foule et que la caisse résonnerait de ses plus jolis
éclats. Il nous donna donc rendez-vous pour le lendemain à la
même heure, en nous laissant savoir qu'il aurait une surprise. Pour
une surprise, c'en fut une vraie. Six autres comédiens. Mais tous
des Québécois, des vrais, comme nous, pure laine, sacrant, puant
et catholiques. Je crus tout d'abord qu'il les avait fait venir par
courrier spécial dans la nuit. Pas du tout. C'étaient tous des diplô-
més du Conservatoire LaSalle qui étaient venus tenter leur chance.
Celle-ci se faisant attendre et crevant plutôt de faim, Crésus n'avait
eu aucune difficulté à les dénicher, le Centre culturel québécois
possédant une liste complète de tous les rêveurs qui se ramassent
chaque année à Paris: peintres, écrivains, comédiens, sculpteurs
et philosophes. Heureux de cette «manne» qui leur tombait des-

sus, ils étaient prêts à travailler pour presque rien. Avec Crésus ils ne pouvaient pas tomber mieux. En quinze jours de travail intensif, la pièce était «remontée», prête à affronter toutes les difficultés. Il n'y en eut point. Ou pas tout de suite. Je n'avais jamais vu un public aussi passif et bien élevé que les Français. En province du moins. À Paris ce fut une autre histoire. Dans les départements, aucun problème. En Bretagne nous fîmes notre expérience à Quimper, dans la salle de la Mutualité. Ce fut un triomphe. Il faut dire aussi que les Bretons, depuis la Révolution (avant aussi), ils y ont goûté. «Se faire voler sa vie», ils étaient au courant. Le mensonge, l'argent, la patrie, ils connaissaient aussi. En 1914, en première ligne, c'étaient presque toujours des Bretons. Alors que l'on crache sur le système, les traditions et «la gloire», ils étaient bien d'accord. Le lendemain nous eûmes droit à un article, des plus élogieux, dans le *Courrier de Quimper*. Même Clara, qui s'attendait au pire, reçut quelques fleurs. Les «jambes en l'air», loin de rebuter le critique, semblaient l'avoir enchanté. Elle en aurait eu deux de plus qu'elle aurait eu droit à la première page. Le midi, au restaurant *Le Breton du bord*, un vieux monsieur nous cria:

— Allez... il faut les faire chier!

Dans une salle à manger, je crus que cela provoquerait un haut-le-cœur; pas du tout. C'est comme notre «mange de la marde», ici, cela n'a jamais empêché personne de digérer. Un peu plus tard, dans la rue, un autre monsieur ralentit sa voiture pour nous crier:

— Le curé, il faut l'enculer!

Enfin la pièce avait plu. Même qu'en rentrant à l'hôtel il y avait un message pour Beaumarrier. Cela venait de Rennes (la capitale). Il revint quelques instants plus tard, tout essoufflé, gesticulant:

— Ils veulent nous avoir, ils veulent nous avoir! comme si cela avait été impensable.

Nous comprîmes mieux lorsqu'il nous expliqua qu'ayant fait quelques contacts pour produire notre pièce là-bas, il s'était fait répondre, grosso modo:

— Les Québécois on les a tous dans le cul, ce sont tous des primaires, des barbares.

Estomaqué, il avait fini par apprendre que le club de volley-ball de Rouyn-Noranda avait joué là, lors d'un échange culturel, et que nos joueurs avaient traité les leurs un peu comme on frappe sur le mur au fond de la mine. Ce qui n'avait été guère apprécié. Là tout avait changé. Notre drapeau était remonté, le secrétaire de la mairie ayant vu notre pièce, la veille. Il était venu, semble-t-il, pour aider son cousin qui s'était pris le pouce dans un nœud marin et était resté pour la représentation. Le lendemain, en entrant au bureau, il avait fait tout un boucan:

— Il nous faut cette pièce. On va inviter le préfet. Faudra lui voir la gueule. On va se marrer, etc.

Si bien que notre venue à Rennes était défrayée par la municipalité. Et c'était pour le surlendemain. Beaumarrier eut beau leur dire:

— Mais la publicité... il faut du temps.

— La publicité, qu'ils ont répondu, on s'en charge. Le téléphone breton, c'est-à-dire les bistros. Tout ce qui se dit là se répète automatiquement dans toute la ville.

Malheureusement, le surlendemain nous étions attendus à Quiberon.

— Aucun problème, dit le secrétaire, ils attendront.

C'est que le préfet de Rennes partait pour Vichy, dans les jours suivants, afin de faire soigner sa goutte. Tandis que celui de Quiberon devait régler une affaire, un vieux document, datant de Napoléon 1er, qui prouvait, en bonne et due forme, que la plage appartenait à la ville voisine. Il en avait pour un moment. Il serait là! Ce n'était pas dans les habitudes d'un préfet de se déplacer pour une pièce de théâtre. Le tout étant présenté sous le sceau officiel de la ville, il se devait d'y assister, pour les bons rapports. En passant son manteau, ce soir-là, son Honneur était quand même méfiant. De toute façon, le maire étant communiste, ce n'était pas la confiance qui régnait. D'ailleurs, dans cette région, tous les maires sont communistes, et les relations avec la préfecture sont plutôt tendues. En arrivant, regardant le maire dans les yeux, il sentit qu'il y avait quelque chose. Pendant la pièce, se croyant observé, il resta imperturbable, pas un pli trahissant la moindre émotion. Pourtant il y avait là de quoi choquer tout corps d'élite sorti des plus grandes écoles de Paris. La dignité avant tout. Après, se levant, très calme, il dit simplement:

— Vous direz à l'auteur que les balivernes passent, mais que la France est éternelle.

Tournant le dos, il prit ses gants, les fit claquer, et son chauffeur s'avança. Ce fut quand même dommage car nous aurions aimé causer avec lui. Ce qu'il manqua comme réception! Trois cents fromages, trois cents sortes de vin, plus les pâtés, les saucissons, les pâtisseries. Si la France est éternelle, c'est surtout parce qu'elle a conservé son savoir-vivre. Et nous n'étions que des petits «ambassadeurs» du Québec. Qu'est-ce que cela aurait été si nous en avions été des vrais. Il semble que côté réception, c'était la même pour tous. Il ne faudrait pas croire que c'étaient les restants de la précédente. Pas du tout. À chaque fois, du tout frais, arrivant directement de la fromagerie ou de la confiserie. Les restants allaient à la maison des vieux. Inutile de vous dire qu'ils suivaient toutes les manifestations culturelles avec la plus grande attention. À Quiberon ce fut la même chose. Et à Morlaix, à Camaret, Brest, Perros-Guirrec, Saint-Malo! Après chaque spectacle, nous gagnions une livre. Dix spectacles, dix livres. Et partout, le triomphe, pas la moindre petite protestation; rien que des «faites-les chier», «tous des enfoirés, des enculés, des merdeux», enfin tout ce qui dégage une certaine odeur.

J'en vins à croire que la France était au bord d'une révolution.

— Mais c'est comme ça depuis 1789, me dit un facteur, la République, on l'a dans le cul. Nous sommes toujours royalistes.

— Mais, lui dis-je, qu'est-ce qui retient les gens?

— La sécurité sociale, monsieur, la sécurité sociale. Pas autre chose. Enlevez la «sécu» et demain le roi est à Versailles.

Je ne fus pas complètement convaincu, mais une chose que je pus constater, de visu, ce fut le mécontentement. La France entière râlait. Il suffisait d'en rajouter un peu pour l'avoir avec nous. En Bretagne, en Normandie, ce fut un malheur. Au centre, c'était selon. Des villes comme Orléans sont quand même très bourgeoises. On nous conseilla même d'éviter Bordeaux. De toute façon, de préférence, nous évitions les grands centres. Notre public se trouvait surtout dans les petites villes, les villages, les bourgs. Et c'est à contrecœur que nous jouâmes à Perpignan. Beaumarrier avait déjà tout arrangé. Car aller déblatérer contre l'argent, au cœur de l'Auvergne, il faut le faire.

— Qu'est-ce qu'ils ont contre le pognon?

Pognon ici, pognon là, les gens ne semblaient pas tellement apprécier. Comme s'ils s'étaient sentis viser. Pour la patrie, le drapeau, la gloire, il n'y eut pas de problème. Surtout qu'avec les Bretons, les Auvergnats sont ceux qui, le plus souvent, se retrouvèrent dans les tranchées: l'honneur et la «France» ne semblaient pas les émouvoir outre mesure. Avec Bordeaux, une autre ville que nous avions sagement évitée, c'était Verdun. Cela n'aurait vraiment pas été l'endroit pour gueuler contre le service. Pour le reste tout s'était bien passé. Sur le «fond» tout le monde était d'accord: qu'on se faisait «avoir», c'était l'unanimité. Le succès suivait. Beaumarrier nageait dans le bonheur, même si ce n'était pas nécessairement la fortune; pour notre part, c'était un voyage hors-prix, des vacances dont nous n'aurions jamais pu rêver. Tous les jours de nouveaux paysages, des gueuletons, du bon vin. Et des rencontres. Ainsi le baron Paul de Rothschild. De la lignée. Les célèbres banquiers. Il possédait un château, à Cognac, avec un vignoble dont il tirait un vin, le «Trou du cru». Le tirage étant limité, il n'en faisait commerce qu'avec les plus fameux restaurants et gardait le reste pour lui. Nous l'avions rencontré, par hasard, lors d'une bombance dans un restaurant du nom de *La chèvre de monsieur Séguin*. S'étant informé de notre accent, qui l'avait intrigué, nous nous étions retrouvés, toute la bande, dans son superbe domaine. (Pas Beaumarrier, car il n'aimait pas les Français.) Nous avions été reçus comme des ambassadeurs. Ce qui était un peu le cas, car, dans ce coin perdu, nous étions en quelque sorte les représentants du Québec. Pendant trois jours, nous avions connu la grande vie. Petit déjeuner au lit, comme à Versailles à la belle époque, randonnées équestres, tournée des autres vignobles du pays, avec dégustations, si bien que nous étions toujours entre deux vins. Heureusement que nous, les Québécois, avons le vin gai. Et l'esprit fusait, venant de je ne sais où. C'étaient blagues sur blagues, jeux de mots, qui avaient le plus bel effet. Tous ses voisins brûlaient de nous connaître. Si bien que, le dernier soir, il donna en notre honneur une grande réception. Pas de robes longues et d'habits de soirée. Mais quand même du velours, du tweed, de la laine d'autruche, enfin tout ce qu'il y avait de plus rare. Et des coupes! Aux cuisses, aux genoux, aux planchers, que de la haute couture. Avec nos pantalons en toile et nos chemises en poches à patates, nous faisions dur. Je compris pourquoi les gens bien nous appellent «les tout nus». Car nous n'aurions rien eu sur le dos que cela aurait été pareil. Avant la dernière soirée, il y avait eu le dernier après-midi où nous nous étions «essayés», soit au billard, soit au ping-pong, soit au tennis avec quelques riches propriétaires des environs. Pour nous faire battre, bien sûr, à plate couture. Il ne faut jamais se mesurer, dans ce genre d'activité, avec la bourgeoisie. Ayant tout le temps pour se perfectionner, ils sont toujours les plus forts. Dans les conversations aussi. Ayant le loisir de voyager et de lire, ils vous balancent, nonchalamment, entre deux phrases ou deux adverbes, quelques propos sur la Grèce, l'Empire romain ou la Mésopotamie, de quoi boucher n'importe quel recteur de l'Université Laval.

Et le baron possédait, en plus, une bibliothèque de dix mille volumes, tous reliés en peau de crocodile, d'éléphant ou de rhinocéros. Les ayant à peu près tous lus (il avait quand même 68 ans), pour lui boucher les connaissances, cela aurait pris un gars qui possédait aussi une bibliothèque d'au moins le double. Alors nous, avec notre petite collection de la comtesse de Ségur, nous ne faisions vraiment pas le poids. Après nous être fait boucher, pendant trois jours (au ping-pong et en connaissances générales), tous nos vieux complexes étaient ressortis et il fallut deux semaines pour retrouver notre équilibre. Ce fut quand même un bon moment. Rien ne durant, des nuages devaient se pointer. Ce qui ne manqua pas. Ce devait être Paris. D'ailleurs tous les emmerdements du monde, c'est bien connu, sont à Paris. Et ce qui devait arriver arriva. Après six semaines de succès, quasi ininterrompu, devant le vrai peuple de France (celui du maître de poste, de l'*hôtel des Voyageurs*, du bistro, du boulanger, «Clochemerle»), nous nous retrouvâmes dans la jungle parisienne. Dix millions, d'un peu partout, aigris, mal polis, vindicatifs, toujours prêts à l'insulte, à la bagarre. Ce fut le tumulte. Dans une petite salle de la rue Mouffetard, cent places à peine, nous fûmes agressés, insultés, comme je ne croyais pas que c'était possible. Des enragés, des débiles, fous raides, patriotards, «fricards», tout le livre des maladies mentales au complet. Tous les soirs, c'étaient des Vive la France, la République, l'armée française, Louis XIV, la guerre de Cent Ans, Napoléon 1er, tout l'autre livre sur les cent sortes de névroses. Aurait dû suivre, normalement, une avalanche de bouteilles. Non! D'abord, des bouteilles, il n'y en avait point. En France, le théâtre, ce n'est pas le cinéma. On n'y vend pas de coke, pop-corn ou glaces diverses. Et on ne laisse circuler aucune bouteille qui pourrait ponctuer quelque désaccord. Même pas de verres en carton. Les comédiens sont protégés à cent pour cent. De toute façon, au prix où sont les places, ce ne sont pas quelques «soixante-huitards» qui pourraient se permettre de casser quelque chose.

Dans les théâtres de quartier, les billets étant moins chers, le public y est plus populaire. Comme avec les CRS ils ne peuvent plus manifester dans les rues, ils se reprennent dans les salles de spectacle, quand la pièce s'y prête, bien sûr. Ce n'est pas avec quelque mièvrerie de boulevard qu'ils pourraient se défouler. Avec la nôtre, c'était du gâteau. Il y avait de quoi se faire aller les babines. Les Français, ayant fini par avaler tout le système (et semblant très bien s'en contenter), une pièce qui dénonçait les fausses valeurs ne prenait pas l'affiche tous les jours. Comme d'habitude, les premières représentations furent plutôt calmes. Mais les enragés ne tardèrent point à se montrer. Suivirent le tumulte, le chahut, la haine ordinaire. Comme il n'y avait pas de bouteilles, nous aurions pu recevoir quelques tomates; mais au prix où elles se détaillent, en plus des salaires, nous n'en reçûmes point. La seule chose qui est vraiment à la portée de toutes les bourses, ce sont les gros mots. Alors tous les soirs nous recevions trois dictionnaires. Quelques braves montaient même sur la scène pour nous la fermer définitivement. Se produisait alors le miracle. Beaumarrier en personne. Je l'avais jamais remarqué, mais il avait de la poigne. S'il mangeait mieux que les autres, ce n'était pas pour rien. Cela lui mettait une tranche de plus dans les biceps. Comme en plus il avait fait la guerre d'Indochine, cassé du Viet, ce n'était pas quelques merdeux du 5e arrondissement qui pouvaient l'impressionner. En deux temps, trois mesures, il les culbutait en bas de la scène et nous sauvait carrément la vie. Puis un soir, les représentations s'arrêtèrent. Nous nous y attendions un peu. Avec la foule qui se pressait à la porte, faisant déjà un peu d'arrachage avant d'entrer, plus le chahut dans la salle, la bagarre, nous pressentions une visite de la police. Mais ce qui arriva, ça, nous n'aurions jamais pu le deviner. Depuis notre arrivée en France et le début de notre tournée, Beaumarrier nous avait accolé un régisseur-accessoiriste-éclairagiste du nom de Marius. Natif de Toulon, très sympathique mais plutôt silencieux, il ne nous adressait guère la parole, si ce n'est pour nous dire, à l'occasion, après une représentation:

— Alors, les gars, merde alors, chapeau!

C'était tout, mais nous sentions quand même qu'il abondait dans notre sens. Étant l'homme à tout faire, c'est lui qui, tous les soirs, chargeait les fusils à blanc et nous les passait au moment requis. Le tumulte parisien n'avait pas semblé lui plaire particulièrement. D'ailleurs, entre Paris et le Midi, ce n'est pas l'amour qui règne. Alors un soir, habité sans doute par quelque profond ressentiment (arrosé aussi de quelques pastis de trop), chargeant les fusils, il avait ajouté, entre deux coups à blanc, de vraies balles. Il y eut trois morts. Nous ne nous en sommes pas rendu compte sur le coup. La salle non plus. Le balayeur vint nous prévenir. Beaumarrier, qui pourtant avait fait l'Indochine, en resta figé pendant cinq longues minutes. Puis il chercha Marius. Mais plus de Marius. Nous eûmes beau fouiller tous les bistros des alentours, il était disparu. C'est alors qu'il décida d'appeler la police. Bien sûr, nous fûmes retirés de l'affiche. Par contre nous eûmes l'honneur de faire la «une» de *France-Soir*, du *Figaro*, du *Matin*, de *Libération*, de l'*Humanité*, et tout et tout. Interrogés par quelques inspecteurs, nous ne savions que dire. Beaumarrier, au milieu de son interrogatoire, prétextant un coup de téléphone, ou quelques demandes anodines dans lesquelles tombent toutes les polices du monde, disparut à son tour.

Comme l'ordinateur était en panne, il leur fallut deux jours pour se rendre compte qu'il avait un casier judiciaire, que «Crésus Beaumarrier» n'était qu'un faux nom. Faux papiers, tout faux; qu'il s'appelait plutôt Barrilla de Peaumé, un noble, ce qu'il y a de plus vrai, mais avec un dossier long comme toute l'histoire de la noblesse française. Il ne fut jamais retrouvé, ni lui ni le Marius. Étant donné qu'il leur était impossible de nous coller quoi que ce soit sur le dos, nous fûmes relâchés. À la sortie, entre dix ou vingt imprésarios nous attendaient. Des contrats longs comme le bras, des millions; notre pièce était lancée, c'était le moment ou jamais, etc. Complètement vidés, le cœur n'y était plus, nous prîmes, pour la forme, quelques rendez-vous, mais le lendemain matin, le premier train pour Le Havre, et de là un cargo direction New York, abandonnant nos camarades de Paris à leur sort, espérant qu'ils auraient tiré parti de cette gloire houleuse et encombrante.

Le retour fut des plus silencieux. Même pas le moindre petit mal de mer, comme si en se dirigeant vers l'ouest, elle n'était pas la même. Puis, après quelques jours, un télégramme, en plein milieu de l'océan. Un producteur de cinéma voulait nous rencontrer de toute urgence. Un contrat extraordinaire, un film, des millions, la gloire, Cannes et tout et tout. Il était même prêt à nous faire «switcher» de cargo comme ça en pleine mer. Je ne croyais pas que ce fût possible. Mais si. Quand un gars est prêt à payer, tous les autres s'enlignent. Pendant une heure, la sans-filiste s'époumona. Des bip-bip, des re-bip-bip, et encore bip-bip, puis soudain le capitaine nous dit:

— Préparez vos valises.

Effectivement, une heure après, nous vîmes apparaître au loin ce qui prit tranquillement la forme d'un bateau. Quand ils furent assez près l'un de l'autre, un marin lança une corde qu'un autre, très ordinaire, attrapa au vol, quand il aurait fallu à n'importe quelle vedette de Hollywood six mois de pratique pour finalement prendre une doublure. Ils l'attachèrent à une chaloupe dans laquelle nous nous engouffrâmes, après nous être sérieusement enfargés, chacun notre tour, dans l'échelle ondulante. Suivirent les valises qu'il fallut attraper au vol ou recevoir carrément sur la tête:

quelques-unes dans un plongeon style olympique passèrent pile à côté du but, et on nous conseilla de les oublier ou d'appeler le commandant Cousteau. Quand nous fûmes installés, les marins de l'autre rafiot tirèrent la chaloupe qui bardassait dangereusement. (Et même pas une bouée de sauvetage.) Il paraît qu'à la rame cela aurait été pire. Arrivés au but, il fallut encore se péter joyeusement la fraise dans une autre échelle ondulante. Un costaud descendit pour lancer le restant de nos bagages à une autre armoire à glace, sur le pont. On ne retrouva jamais rien. Ou l'un ne les «pognait» pas, ou l'autre les lançait si fort qu'ils passaient directement de babord à la mer. L'opération terminée, un musclé lança une autre corde qu'attrapa (toujours comme si de rien n'était) un genre de nain qui aurait eu de la misère à saisir le pot de confiture sur la troisième tablette de l'armoire chez nous. Il me semble qu'il aurait été plus simple d'attacher celle du retour à notre départ. Non. Dans la marine, la simplicité est interdite. Il faut que tout soit compliqué pour montrer la supériorité de l'homme sur les éléments, les baleines, les marsouins, la lune, les quatre points cardinaux et l'étoile polaire. Trois jours plus tard, nous étions de retour au Havre. Trois jours avec le même linge. Pas de rasoir. Pas de brosse à dents. Rien. Tout dans le fond de la mer. Il aurait été préférable de prendre un sous-marin. Nous aurions peut-être pu récupérer quelques valises. Sur le quai, un jeune homme nous attendait et nous dit comme ça:

— Si vous voulez me suivre, monsieur vous attend.

Paulo lui demanda:

— Monsieur, qui ça monsieur?

— Vous allez voir, c'est un très gros producteur.

— Mais enfin il doit bien avoir un nom?

— On l'appelle monsieur… c'est tout.

— Ah!

Un taxi nous conduisit dans le plus bel hôtel du Havre: trois tapis les uns par-dessus les autres; trois ascenseurs, superposés comme des étages de fusée, si bien que si vous preniez celui du dessus vous étiez déjà rendu au troisième. Et quand celui du dessous était au troisième, vous étiez au cinquième. Un histoire de fou. Même chose pour les escaliers. Trois marches en une. Ce qui permet de faire des escaliers plus courts. «En trois temps trois mouvements» doit venir sûrement de ce genre d'escaliers. Suivant notre guide, nous nous étions retrouvés devant la porte de la chambre 1224. Quelques coups. Un homme ouvrit et ce fut la consternation. Le grand gelage, figeage, paralysage, enfin tout ce qui bloque la machine pendant quelques secondes. Il y avait de quoi! Qu'avions-nous devant les yeux? Le Crésus en personne. Avec des cheveux roux et une petite moustache.

— Ah non! pas vous, dit Paulo.

— Non, pas moi, répondit-il, je suis son frère jumeau.

— Mais vous avez la même voix, la même allure.

— Quoi! On est jumeau ou on ne l'est pas!

C'était le moment d'avoir la foi ou jamais!

— Vous êtes plusieurs jumeaux, comme ça, dans votre famille? demanda Paulo.

— Cinq, comme les cinq jumelles Dionne.

C'était un fin finaud. Il savait bien qu'en tant que Québécois, nous balancer les cinq jumelles Dionne dans les jambes, c'était nous atteindre dans ce que nous avions de plus cher. S'il y en avait déjà eu, pourquoi pas cinq autres. Donc, motus, bouche cousue, on s'enligne. Celui-ci s'appelait Avila. Avila Beaumarrier. Et l'Avila de nous sortir des tas de papiers avec des chiffres, des gros noms, Gaumont, Pathé, tout pour éblouir un gars.

— En ce moment précis, nous dit-il, il y a déjà des scénaristes qui travaillent sur votre histoire. Tout y sera. Vos débuts, les bagarres, le chahut, la haine, les enlèvements, votre départ pour la France, Clara, l'amour, le Léonard par-dessus bord, la tournée, l'arrivée à Paris, le Marius qui charge les fusils, les morts, la fuite, tout. Son jumeau lui avait tout raconté, il ne manquerait rien. Seulement qu'une finale. Et il fallait trouver quelque chose de juteux. Les scénaristes avaient imaginé nous faire enlever par des hommes à Pinochet et nous faire mourir, sous la torture, quelque part dans une caserne à San Diego. Dans le fond c'était assez logique, car il était évident qu'entre nos idées et celles de Pinochet, il n'y avait pas d'amour possible. Et cela ferait un punch inattendu, plus un coup de cochon au général. Tout le peuple chi-

lien serait avec nous, plus les mouvements de gauche, l'O.N.U.
et le Fonds monétaire international. C'était génial, du tout cra-
ché, la fortune. Et parlant fortune, pour prouver le sérieux de
cette entreprise, nous avions reçu chacun une avance conforta-
ble. Les premiers rôles, cela va de soi, la plèbe devant continuer
à se morfondre. Le début du tournage était prévu dans la quinzaine. En attendant, nous nous étions retrouvés dans nos petites
chambres de la rue Guisarde avec séance de travail, tous les jours,
dans l'arrière salle d'un restaurant des environs. Les scènes, les
dialogues, les plans nous arrivaient au fur et à mesure, tandis que
le metteur en scène nous mettait dans le bain pour qu'en commençant le tournage nous ayons déjà une bonne compréhension
de ce que nous aurions à faire. Pendant ce temps, une autre équipe
travaillait sur les décors. De l'organisation, du «professionnel».
Quinze jours plus tard, nous mettions les pieds dans un studio
à Joinville. À ce moment nous reçûmes le scénario final. Tout
y était: les scènes, le dialogue, les plans, les prises 1, 2, 3, 4,
jusqu'à 40. Il y avait en tout 166 scènes et 2 600 plans. Une grosse
production. Trois régisseurs, trois script-girls, des costumiers,
des maquilleuses, des cameramen, des peintres, des charpentiers,
plus ceux qui poussent la caméra, ceux qui la tirent, ceux qui la
tournent, etc. Les gars du son, ceux du montage, les effets spé-
ciaux. Le réalisateur et son assistant. Celui qui fait les sandwichs
et son assistant. L'agent de presse, son assistante. (À vrai dire,
c'est lui qui faisait aussi les sandwichs.) Enfin tout un monde.
La tour de Babel. Dans ce brouhaha, ce tohu-bohu général, nous
avions, heureusement, chacun une loge. Plutôt, il y en avait quatre. Les six vedettes s'en partageaient trois et tous les autres
s'entassaient dans la dernière. Quand il est question, ici, des six
vedettes, je ne parle pas de Belmondo ou Brasseur. Les producteurs les avaient bien approchés, mais, devant leurs exigences,
avaient aussitôt reculé. Puis ils s'étaient dit qu'il valait peut-être
mieux prendre les comédiens de la pièce. Car «connu»,
aujourd'hui, ça ne fait pas nécessairement des miracles. Il y a
des films qui font un malheur avec des pompiers ou des balayeurs.
Alors les vedettes c'était nous. Cela n'avait aucune importance.
Si le film était bon, le succès devrait suivre. Quand certains se

virent «vedettes», les choses changèrent. Ils ne marchaient plus de la même façon, parlaient différemment, enfin ce n'était plus eux. Puis ils devinrent difficiles. Il leur fallait ci, il leur fallait ça. Ils ne mangeaient plus de ci, ne mangeaient plus de ça. Fatigants, pointilleux, de vraies vedettes. Il y a juste Clara qui avait encore de l'allure. Comme elle avait moins de talent! Quand Paulo vit ça, il les réunit et leur dit:

— Ma bande de tabarnacles, si vous êtes pour nous écœurer, on va en prendre d'autres. Ça va faire pareil. Un pas connu vaut autant qu'un autre. Cela les avait gelés ben raide. Le lendemain, ils étaient redevenus eux-mêmes. Peut-être un peu plus. Alors quand quelqu'un est «plus» lui-même qu'il l'était la veille, il est lui-même pour de vrai. C'est pour vous dire ce que peut faire la peur.

Le tournage commença un lundi matin à huit heures tapant. Le cinéma, c'est un peu comme au bureau. Ça commence à telle heure pour finir à telle heure avec un *break* pour manger. Après l'heure que c'est l'heure de finir pour finir à l'heure, c'est temps double. Pas toutes les productions. Il y a des producteurs que, le temps double, ils veulent rien savoir. Dans ce cas, comme tout le monde est syndiqué, cela finit à l'heure, à la minute, à la seconde. La scène, entre autres, où Léonard tombait à l'eau, n'avait pas été un cadeau. Il leur fallut recommencer je ne sais combien de fois. *Cut...* pis recommence, pis *recut,* rerecommence, pis *cut, cut cut,* un vrai poulailler. À cinq heures moins une minute, juste comme il était pour l'avoir, le gars qui était sur la machine pour faire des vagues avait tout arrêté. La bouffe qu'il avait dit. (C'était un Français.) La bouffe. Toute une journée de travail pour trois minutes de plus. Pourtant en France la bouffe est rarement avant sept heures. Mais l'apéro, le 421! C'est ça les syndicats. Ils peuvent arrêter une scène, en plein milieu, juste comme le serpent est en train de manger Tarzan. Et pour convaincre un serpent de manger un acteur tout maquillé, parfumé, il faut le faire. Le lendemain, ils doivent tout recommencer. Et si le serpent, pendant la nuit, a mangé le cochon de la scène numéro 17, qu'il n'a plus faim, il leur faut parfois attendre deux jours. Ils pourraient, bien sûr, prendre un autre serpent. Ce n'est pas si simple que ça. Il en faut un spécial, dressé, qui est d'accord pour remettre l'acteur après la scène. Si vous tombez sur un têtu qui commence à le digérer, il vous faut recommencer le film avec un autre. C'est ça le cinéma. Une vraie histoire de fous. Pour nous, ce qui a été le plus difficile, ce fut la reconstitution de la première conférence au Plateau. Tout d'abord reconstituer le Plateau dans un studio de Joinville ne fut pas facile. Il n'y avait rien d'assez vieux. Même ce qu'ils avaient de plus démodé semblait du neuf à côté du Plateau. Il leur fallut ajouter de la poussière un peu partout. Il y en avait qui faisaient des allergies. Le régisseur dut aller chercher des pilules. Autre problème, ces médicaments assoupissent. Il fallait les réveiller. Quand vint le plan numéro six de la scène numéro vingt-sept, lorsque la salle commence à conspuer Paulo, ça ne marchait pas du tout. Il n'y avait pas de jus, cela manquait de dynamisme, de vérité. C'est curieux à dire, mais les Français ne savent pas conspuer (sauf ceux de la rue Mouffetard). Pourtant, à travers leur histoire, ils ont eu l'occasion d'en «égratigner» quelques-uns. Aujourd'hui, ils sont tellement bien élevés qu'il y a toujours une certaine retenue, comme un fond de politesse. C'était pas ça pantoute. Et le réalisateur de leur dire:

— Si vous continuez ainsi on va se faire conspuer à Cannes.

C'est alors que Paulo suggéra de faire venir la gang du parc Lafontaine. Les vrais, ceux qui étaient dans la salle. Allez donc les rapailler un par un. C'est une job. Surtout par téléphone. Je me permis donc de suggérer que l'on appelle Plume Latraverse. Il pourrait se ramener avec sa gang de la rue Rachel et nous aurions du vrai, de l'authentique. Avila téléphona à son agent de Montréal. Celui-ci se pointa, poliment, dans les tavernes de la rue Saint-Hubert ou Mont-Royal, à la recherche du maître. Il le repéra à la brasserie Cherrier. Le premier contact fut difficile. Après lui avoir adressé la parole, en guise de réponse, il mangea une volée. Ensuite il fut tenu de payer la tournée générale et de boire, d'affilée, cinq bocks de bière *bottom-up*. Quand il fut à peu près au niveau réglementaire, il expliqua le but de sa visite. S'attendant à quelque réaction, il s'était préparé un *swing* vers la sortie, quand, à son grand étonnement, ce fut l'enchantement général. Du cinéma, un voyage à Paris, de l'argent. Ces messieurs étaient aux petits oiseaux. Dans l'ensemble, ce genre de bohêmes sont plutôt des petits bourgeois qui se donnent des allures de *bums*. Comme il n'y a jamais rien de simple, dans toute leur candeur embuée, ils avaient cru que toute la taverne aurait droit au pique-nique. Comme ils étaient environ une centaine, avec le coût des billets d'avion et des hôtels, les deniers de la production en auraient pris un coup. À vrai dire, une vingtaine suffisait pour meubler les gros plans, le reste de la salle étant cordée de Français.

Suivit une bataille.

— C'est moi qui y vais!

— Non, c'est moi! J'ai l'air plus *bum* que toi.

Le pauvre agent, débordé, s'apprêtait à se suicider, lorsque le grand chef, Latraverse en personne, lança son grand cri. Tout le monde se la ferma. Alors, imposant, avec fermeté, il choisit tous ses meilleurs *chums*. Ce qui clôtura le débat définitivement. S'apprêtant à quitter l'établissement, l'agent se fit demander par le gérant:

— Avez-vous de la «50» à Paris?

— De la «50»?

— À votre place j'en apporterais une cargaison. Ça va vous éviter ben du trouble.

Le départ eut lieu la semaine suivante; le temps que tout le monde ait son passeport, se trouve une valise ou carrément se déssaoule. À l'impossible nul n'est tenu. C'est bien connu. Aussi, lorsque le steward vit arriver cette troupe d'hurluberlus, chantant, gueulant, jurant, il paniqua. Il se ressaisit aussitôt, une idée de génie lui ayant traversé l'esprit. Comme il s'agissait d'Air France, il les accueillit d'un éloquent et vibrant:

— Messieurs... la France vous souhaite la bienvenue.

Et de servir à chacun une coupe de champagne dans laquelle il avait mis un somnifère. Le lendemain le commandant de bord le décorait de la Légion d'honneur. Quelques jours plus tard, tout le monde était en place pour la reprise du plan numéro six de la scène numéro 27. Tous ces messieurs étaient là comme un seul homme, maquillés, pomponnés, rougissant d'honneur et de bonheur, distribuant déjà des autographes, même à ceux qui n'en avaient pas demandé, mais qui se dépêchaient de les accepter, sentant qu'il y allait de leur bien-être. Pour que leur présence puisse servir au maximum, on les avait installés dans les premiers rangs. Tout ce qui suivait derrière relevait de «L'union nationale des figurants de France». Il y avait même là d'anciens ambassadeurs ou conseillers d'État, qui bouclaient ainsi leur budget. Quand vint le moment du grand «chahutage», ce fut terrible. Des rugissements, des hurlements, des tabarnacles, ostie de chien, enfin tout le répertoire, bien connu, du Carré Saint-Louis. Il y eut un début de panique. Les cameramen, les techniciens, les éclairagistes quittèrent leur poste pour aller se réfugier dans un studio voisin, barricadant les portes et appelant les CRS. Ceux-ci se pointèrent devant cette horde d'enragés, pour reculer à leur tour et se réfugier dans le grand studio numéro quatre. L'armée française fut mandée à son tour, et c'est sous la protection de mitrailleuses, de bazookas et de fusées EXOCET que les techniciens acceptèrent de revenir terminer la scène. Bien sûr, le lendemain matin, tous les journaux ne parlaient que de ça. Ils n'auraient pas dû, car un officier du service pour la sécurité du territoire, tombant sur un reportage, se remémora la pièce, rue Mouffetard, dans le 5e, avec tout le grabuge, les coups de feu, les morts. Il se dit:

— Merde, ça recommence.

Récupérant un confrère de la 2e brigade de la surveillance des frontières, il fonça à Joinville. Il était environ dix heures du matin. Le tournage venait à peine de commencer, avec tous les retards obligatoires. Avila était dans une petite loge qui lui tenait lieu de bureau. Le régisseur vint le prévenir, naïvement, que deux inspecteurs de la surveillance des frontières et du territoire désiraient le voir.

— J'arrive, avait-il dit, j'arrive...

Il n'arriva jamais. Une porte, une ruelle, un toit, je ne saurais dire, mais on ne lui revit plus jamais la face. C'était le deuxième Beaumarrier, à ma connaissance, qui s'évaporait ainsi. Si je pouvais me fier au genre, les trois autres jumeaux devaient être aussi quelque part dans la nature. Cela arrêta momentanément la production. Par contre il y aurait eu moyen de continuer. Pour un bon scénario il y a toujours de l'argent. Dans les jours qui suivirent, l'affaire se corsa. C'est que l'Avila avait payé tous ses fournisseurs avec des chèques postdatés. Quand la date fatidique «rebondit», les chèques «rebondirent» aussi et tous les fournisseurs firent de même. Cent balles de caoutchouc n'auraient pas fait mieux. Ce ne fut point tout. Les cameramen, les techniciens, les maquilleuses, les éclairagistes, suivirent à leur tour avec tous des chèques sans provisions. Même le syndicat des «Ardoises de France», chez qui le producteur avait déposé un tiers provisionnel, au cas où, se ramena avec un chèque sans fonds.

Un producteur de génie aurait pu, à ce moment-là, faire un film du tonnerre avec cette situation qui valait bien n'importe quel autre scénario. Mais non. En France, les questions de pognon ont toujours tué toutes les idées géniales. Pas la rancune, ni le verbillage, ou autres formes de «gueulage». Pour tout dire, la langue française a surtout évolué lors de prises de bec. Et comme il y en a eu beaucoup! L'Académie, c'est bien gentil, mais ce n'est sûrement pas là que le vocabulaire a pris du neuf.

En tant que «lamentations», ce fut terrible. Le mur de Jérusalem passa à la queue. On songea, encore une fois, à faire venir l'armée française. Si, avec tous leurs radars, ils peuvent détecter un œuf enfoui dans une théière à cinq mille kilomètres de là, ils auraient pu sûrement détecter le Beaumarrier caché dans une cafetière à Saint-Maure. Pas question! L'armée française est là pour protéger la France, au pis-aller, les Français, mais pas pour chercher des escrocs. S'ils commençaient ce petit jeu, tous les radars et les têtes chercheuses seraient en devoir à l'année longue. Donc, chèque sans provisions égale pas un rond, qui égale tous les emmerdements du monde. Surtout pour la *gang* de la rue Rachel. Car l'Avila leur avait pris un billet aller seulement, en se disant:

— Ils se paieront le retour.

Mais avec ces chèques! Après avoir vidé les dernières caisses de «50», ce qui n'aide pas à contrôler les émotions, ils se mirent en devoir d'étaler aussi leur ressentiment. On fit revenir les CRS qui poussèrent un curé en avant, crucifix en main. Un vicaire eut alors l'idée de téléphoner à l'ambassadeur du Canada. Celui-ci, embarrassé, sentant qu'il était peut-être préférable de ne pas se montrer la fraise, lui répondit que le Québec n'était plus au

Canada. Rapportant la chose au commandant des CRS, celui-ci s'avança avec un porte-voix et cria:

— Hey, les gars, ça y est, vous êtes indépendants.

Après un moment de surprise, ce fut un débordement de joie. Le maire de Joinville offrit le champagne, et, quand ils furent bien paquetés, un car spécial, toutes sirènes dehors, les conduisit au Havre, où un capitaine allemand accepta de les embarquer à mille dollars par tête de pipe. Un envoyé spécial du quai d'Orsay paya la note pour la refiler à l'ambassade du Canada qui la refila à la délégation du Québec qui l'expédia, à son tour, à la brasserie Cherrier qui l'envoya par courrier recommandé à VLB éditeur, dont le directeur était alors Jacques Lanctôt. Celui-ci, refusant de l'honorer, reçut la visite de deux agents de la RCMP. Comme notre passé nous suit toujours, il paya, mais se remboursa sur les droits d'auteur à Latraverse. Ce qui prouve que, de toute façon, ce sont toujours les intellectuels qui mangent la claque. Si les passages furent dûment payés, ce ne fut pas pour des cabines de première classe. Car un cargo allemand, ce n'est pas un cargo à pavillon de «complaisance». La «complaisance» est le dernier de leurs soucis. Eux, c'est du sérieux, de la discipline. Alors quand nos fêtards commencèrent à se manifester, ils se retrouvèrent *militenti* dans une cellule genre quatre par quatre. Arrivés au large des côtes de Terre-Neuve, ils furent «dumpés» dans une chaloupe avec une paire de rames. Mais les Terre-Neuviens, s'étant déjà fait faire le coup (des Sri-Lankais), surveillaient. Trois caboteurs «cabotèrent» à toute vitesse et repoussèrent les assaillants vers le large. Si bien qu'après deux jours de dérive ils se retrouvèrent à l'île d'Anticosti. À moitié morts, croyez-vous? Pas du tout. En les «dumpant» dans les chaloupes, le capitaine leur avait refilé une caisse de «schnaps» à cinquante dollars la bouteille. Ce qui leur avait permis de toffer la faim et le froid. À l'île d'Anticosti, chanceux (il y a un Dieu pour les ivrognes), ils dénichèrent un pourvoyeur qui pourvoyait les voyages de chasse et pêche de nos ministres québécois. Et justement il y en avait un: le ministre des Transports. Avec sa femme, sa maîtresse, son chef de cabinet, ses secrétaires, tout ça sur le bras des braves Québécois. Ils ne pouvaient tomber mieux. Se saisissant de quelques carabines qui pavanaient au-dessus d'un foyer, sous la menace, ils obligèrent le ministre à les faire transporter à Montréal. Celui-ci, dans tous ses transports, fit un téléphone (car Bell est partout) et trois hélicoptères apparurent, comme trois anges à moteur, pour embarquer tout le monde et les ramener directement à la brasserie Cherrier. Depuis les aventures de Marco Polo, on n'avait pas vu mieux. D'ailleurs, le Plume s'attela aussitôt à un livre, tandis que sa *gang* but sur le bras, pendant un mois, juste à raconter. Pour notre part, après l'affaire de la rue Mouffetard et maintenant celle de Joinville, nous étions complètement amortis, déboussolés, écœurés. Comme l'ambassadeur du Canada ne semblait pas intéressé à nous voir traîner dans le coin plus qu'il ne le fallait, nous reçûmes des billets pour un retour par Air Canada. Par mesure de prudence, quelques gorilles nous accompagnaient. Mais ce fut bien inutile, car, complètement épuisés, nous nous réveillâmes à Mirabel. À la suite de cette dernière aventure, le message en prit un coup. Paulo ne voulut plus rien savoir. Que l'humanité reste dans sa merde. Finies les belles paroles. Nous nous quittâmes, bien tristement, après un copieux et dernier repas. Adieu, bonne chance, je t'aimais bien. Mais le destin c'est comme la *Crazy-Glue*. Quand nous sommes faits pour coller ensemble, on se retrouve toujours.

9

Le grand partage

Les mois qui suivirent furent d'une tristesse sans fond. Tout d'abord Paulo disparut de la circulation. Introuvable. C'était son genre. Quand il en avait plein le cul, il se volatilisait par enchantement. Je me pointai à Val-Morin pour voir si par hasard il n'était pas là. Non. La copine ne l'avait pas vu depuis un bon moment: juste avant notre départ pour la France, la semaine où nous nous étions réfugiés chez elle. Depuis, le noir. Et elle ne semblait pas en savoir beaucoup plus que moi à son sujet. Il y a des gens comme ça, remplis de magnétisme, attirants, éblouissants, que l'on peut côtoyer longtemps sans en savoir plus. Il était sûrement dans quelque cache chez des amis que nous ignorions. Comme s'il avait mené dix vies de front, chacune séparée par un mur étanche. Quant à Clara, elle était retournée travailler chez un Juif pour qui elle avait déjà fait des plis de robes. Comme si elle avait voulu tout oublier et recommencer au départ. Puis, un après-midi, sur un coin de rue, par hasard: Tibi. Il était sorti de prison depuis peu et s'était mis à notre recherche sans succès. Puis voilà! Aussi malheureux que moi, on ne se lâcha plus. Il avait vaguement entendu parler de notre voyage en France sans en savoir davantage. Alors je le lui racontai.

— Ah! si j'avais été là, disait-il, ah, si j'avais été là!

Je ne voyais guère ce qu'il aurait pu changer. Il aurait suivi, pas plus, pas moins. Mais je le laissais dire. Les gens ont si peu confiance en eux qu'il ne faut surtout pas leur enlever leurs illusions. Un après-midi où nous nous traînions devant quelques bières, il m'avait refilé un article où il était question de jeunes Allemands qui avaient fondé une commune, quelque part en Bavière. C'était le grand partage. Tout le foin dans le même pot, les travaux aussi. Un pour tous, tous pour un. La vraie communauté comme chez les Franciscains. Sur le coup, la lumière jaillit. «Là où vous serez trois je serai parmi vous.» Nous n'étions que deux, mais il était là quand même. Le spécial du jour, je présume. Sans perdre un instant nous voici le nez dans les annonces classées.

— «Ferme à vendre.» Voilà la solution, dret là, devant nos yeux. Une ferme, la campagne, des vaches, des cochons, tout dans le même pot. La fraternité, le bonheur.

Sautant dans le char à Camille, un copain du coin, nous voici, les fenêtres grandes ouvertes, du sifflage plein les oreilles, en route pour Saint-Pie-de-Bagot. De plus, ce n'était pas trop loin de Montréal. Si parfois le mal du pays nous prenait, une heure de route et nous étions rue Saint-Hubert. Nous nous attendions à nous retrouver face à un gros fermier, rapace, dur sur la piastre. Pas du tout. Une toute petite jeune fille dans la vingtaine, fragile, apeurée. Son oncle étant mort, elle avait hérité de la ferme; personne d'autre en voulait; ni frères, ni sœurs, ni cousins, ni cousines, car, nous avoua-t-elle, c'était une ferme hantée. Au même moment, la grande porte de la grange s'était refermée violemment. J'avoue avoir été saisi d'une angoisse maudite. Mais pas Tibi.

— S'il y a des fantômes ici, je vais m'en occuper, dit-il.

Le lendemain nous étions déjà à la Caisse Populaire de Saint-Pie où le gérant nous reçut avec empressement. C'était comme si tout le monde avait hâte de s'en débarrasser. Il semblerait que les fantômes n'aiment pas la solitude. S'il n'y a personne dans un lieu, ils vont ailleurs. Il leur faut absolument quelqu'un à qui faire peur. Les voisins ne semblaient pas intéressés. Ferme hantée ou pas, quand on achète quelque chose, il faut donner un peu de cash. Heureusement que Tibi avait un petit bas de laine. On fait pas de prison pour rien. Quand on en sort, on a toujours un petit magot de caché quelque part. C'est ainsi qu'il nous ramena un petit trois mille, le reste payable en 25 ans. C'était ce qu'on appelle «la bonne affaire». Et une bonne affaire ça s'arrose. C'est pourquoi cet après-midi-là, à la brasserie de Saint-Pie, il y eut un peu de bruit. Les habitués avaient l'air pas trop content, mais le patron semblait heureux. Quand on est sortis de là, il avait cent piastres de plus dans sa caisse. Même la petite demoiselle nous avait suivis. Je pense que c'était la première fois. Elle avait l'air tout effarouché. C'est à peine si elle avait touché à un verre et puis elle était disparue. Nous nous en étions même pas aperçu. Discret comme ça, j'avais rarement vu ça. Même que je me suis demandé si le fantôme, ce n'était pas elle. Et justement, vers les huit heures, quand il a commencé à faire noir, on a décidé de retourner à la ferme, histoire de le voir. Moi, j'avais un peu peur, Camille aussi. Tibi, pantoute! En plus, il avait de la bière jusqu'aux oreilles! Alors nous sommes entrés dans la maison, Tibi a cherché le commutateur près de la porte, mais il n'y avait pas de jus. L'Hydro avait tout débranché. Nous nous cherchions des allumettes, Camille avait sorti son briquet et nous avions vaguement aperçu une table de cuisine entourée de quatre chaises. À peine avions-nous jeté un regard que les seize pattes se soulevèrent d'environ un pouce et retombèrent violemment en faisant BOUM! Le temps d'une respiration, nous étions rendus dans la voiture et décampions. La vitesse du son ça existe. J'avais déjà vu des gars sortir d'une maison dans un film de Frankenstein, mais là je crois que nous aurions eu droit à un Oscar. Tibi était pâle et tremblait un peu. Nous sommes retournés directement à la brasserie, histoire de nous remettre de nos émotions. Camille n'aurait jamais pu conduire jusqu'à Montréal dans cet état. C'est à ce moment que nous nous sommes rendu compte que cette histoire de fantôme, c'était vrai. C'est pourquoi le gérant de banque avait été si accueillant, tout heureux de se débarrasser de cette ferme, hypothéquée jusqu'aux oreilles, et qu'il n'avait jamais réussi à vendre, *because* la légende. Mais là, la légende, c'est nous qui l'avions sur les bras. Comment faire une commune avec un fantôme dans les tiroirs? Il nous fallait d'abord retracer Paulo à tout prix et après on verrait. Me creusant les méninges, je me suis souvenu que, dans ses temps libres, il lisait le *Devoir*. Eurêka! Il s'agissait de publier quelques lignes dans les annonces classées du journal, laissant savoir que nous cherchions des partenaires, sérieux et généreux, pour fonder une commune de paix et de justice. Plus le numéro de téléphone de Camille. Il était le seul à en posséder un. Dans les jours qui suivirent, il ne dérougit pas. On ne peut pas se faire idée du nombre de gens qui rêvent de vivre dans un lieu de justice et de paix. Le temps passa, beaucoup d'appels, mais pas de Paulo. On décida de republier dans le journal du samedi. Car les lecteurs du *Devoir,* comme les scouts, sont toujours «prêts», mais particulièrement les fins de semaine. À la suite de cette deuxième annonce, le mur du silence s'écroula. Je savais que ça ne pouvait pas manquer. «La paix et la justice», c'est comme le miel pour les mouches, cela attire tous les utopistes. Et de lui relater brièvement l'histoire de la ferme, notre projet, etc., mais pour ce qui est du fantôme, il fut entendu que c'était «Motus et bouche cousue», la désinformation et tout et tout. Et peut-être qu'il finirait par s'ennuyer. «La paix et la justice» pour un fantôme, ce n'est pas ce qu'il y a de plus drôle. Ils préfèrent de beaucoup les histoires de fantômes. Donc la semaine suivante, nous étions de retour à la ferme. Paulo en fit le tour, trouva le lieu à son goût et embrassa notre idée avec beaucoup d'enthousiasme.

— S'il n'y a pas moyen d'atteindre les hommes par le verbe, dit-il, peut-être pourrons-nous les éveiller par l'exemple. Quand il y aura ainsi des centaines de lieux de paix et de justice, ils finiront bien par ouvrir les yeux et reconnaître qu'ils sont dans l'erreur jusqu'au cou. Pendant la visite, dans la grange, deux ballots de foin, juchés tout là-haut, avaient dégringolé et étaient tombés à six pouces de Paulo. Il avait reculé dans un geste de frayeur puis, se ressaisissant, n'en dit mot, croyant qu'il s'agissait d'un incident banal comme cela peut arriver n'importe où. Sauf au Forum de Montréal, les «ballots» étant sur la glace. Les jours suivants, nous nous mîmes à la rénovation. Peinture, clous, papier sablé et tout et tout. À l'occasion, il y avait un marteau qui tombait,

un escabeau qui perdait l'équilibre, enfin que des choses très nor-
males. Nous étions quand même de plus en plus nerveux, le nez
en l'air, les yeux à terre, surveillant, comme les gardes du corps
de Pinochet veillent sur leur maître. De chute de ci en chute de
ça, le maître devint soudain méfiant.

— Il y a quelque chose de bizarre dans cette maison, nous
confia-t-il. Dès lors, le «Motus et bouche cousue» se délia et nous
en vînmes à lui dire la vérité.

— Il faut le mettre à la porte, nous répondit-il.

Ce que j'aimais chez Paulo, c'était son sang-froid et son esprit
de décision. Mettre un fantôme à la porte... c'est facile à dire.
De là à trouver la façon.

— C'est très simple, nous dit-il, avec ce sens des solutions
que l'on trouve particulièrement chez tous ceux qui veulent changer le monde, nous allons d'abord aller voir le plus vieux marchand du village.

C'était un quincaillier. Et le fantôme, il le connaissait. Depuis
le temps!

— Il n'y a qu'une façon de chasser un fantôme, nous dit-il,
c'est de dénicher une sainte femme.

— Vous devez en connaître une, lui dit Paulo.

Il retourna ranger une pile de tournevis sans dire un mot. Alors
nous cherchâmes et nous trouvâmes.

En passant devant l'hospice du village, Paulo avait eu une
inspiration, un pressentiment ou quelque chose en forme de
solution.

— Messieurs, nous avait-il dit, ce noble bâtiment abrite sans
doute de vieilles personnes, rongées de remords, de regrets, ne
sachant plus derrière quelle porte trouver un peu d'oubli. Qui sait?
Peut-être y a-t-il quelques perles, émanant la paix et la sérénité,
après une vie exemplaire. Effectivement il y en avait une, belle
comme une rose, malgré son grand âge, avec des yeux purs comme
ceux de la Vierge. Voyant dans ce fantôme la B.A. de sa journée, elle nous suivit tout heureuse. Rendus à la ferme, fermant,
à sa demande, portes et fenêtres, nous la laissâmes seule avec
un contenant d'eau bénite. Regardant par le trou de la serrure,
ou quelques fissures, nous la vîmes, debout, dans le milieu de

la cuisine, asperger avec un vieux pinceau murs et plafond, tout en murmurant une prière dont de faibles échos nous apportaient des *Deum,* des *glorium, linoléum,* etc. Soudain nous entendîmes un grand cri, une fenêtre se brisa et nous suivîmes des yeux une forme blanche qui plana pendant un certain temps pour disparaître subitement chez les Casgrain, la ferme voisine. Nous avions pensé les prévenir, mais la dame nous expliqua qu'il ne faut jamais trahir les esprits car, froissés, nous risquons de les voir revenir avec toute la famille. Ne sachant comment la remercier, elle bouscula notre hésitation en nous tendant un bout de papier sur lequel il y avait un chiffre. Ce qui me rappela que les saintes personnes, tout en offrant leur cœur à Dieu, ne perdent jamais le Nord. En allant la reconduire, chemin faisant, soudain la voiture s'était élevée dans les airs et nous avions entendu un grand rire venant d'on ne sait où. De retour, il fut question de vendre la ferme sur-le-champ. Ce n'était pas dans le comté que nous allions trouver un autre poisson. Lorsque nous faisions nos paiements, à la banque, le gérant nous regardait toujours d'un petit air moqueur. J'en vins même à me demander si, avec le fantôme, la nièce et la vieille dame, il n'était pas de la combine. Comment le prouver? Toujours rempli de sagesse, Paulo, nous dit:

— Messieurs, il n'y a qu'une solution, c'est de faire face. Dans la vie, il faut savoir faire face.

Deux jours après, Camille n'était plus là. Il faisait plutôt face de reculons. Donc plus de voiture.

— Foin de ma mère, avait dit Paulo (il avait de la culture), on va en acheter une.

— Je m'en charge, dit Tibi.

Deux jours plus tard, nous en avions une devant la porte. Presque neuve. Genre Camora ou Thunderboy, je ne sais plus, mais une vraie belle. D'où venait-elle? Comment? Les sous? Mystère. Dans les moments difficiles, il vaut mieux ne pas trop poser de questions. J'avais cru remarquer que, depuis son séjour à Bordeaux, il avait vaguement changé. Il avait comme un regard par en dessous et lisait Allô Police! Quand ils disent que la prison ce n'est pas à recommander, c'est vrai. Camille s'étant éclipsé, il ne restait plus que Paulo, Tibi et moi-même. Puis, comme un encens s'élevant vers nous, le souvenir de Clara nous revint à l'esprit.

— Elle pourrait faire le ménage, la cuisine.

Je me permis de faire remarquer qu'aujourd'hui les femmes ne font plus le ménage ni la cuisine. Ou alors il faut savoir leur présenter la chose sous un jour nouveau.

— Foin de ma mère, redit Paulo (la culture... toujours) une commune, la solidarité, la fraternité, ce n'est pas comme torcher un trois pièces et demie. Il y a un idéal, une motivation supérieure.

Le lundi suivant, j'allai la récupérer dans sa *shop* où elle était en train de dépérir. Elle ne se fit pas prier et arriva à la ferme comme un bouquet de joie. Elle courait partout. Impossible de la suivre. Nous la croyions en haut d'un arbre, qu'elle était déjà à patauger dans le ruisseau ou à sauter dans le foin. Y a rien comme sortir un esclave de sa *shop* pour lui donner le goût de vivre.

Il fut donc entendu, tradition oblige, que c'est elle qui verrait aux repas. Elle y vit et nous y vîmes aussi. Avec elle, l'art culinaire reculait de plusieurs générations. Quasiment à l'orée du bois avec des beans, du lard, ragoût de pattes, des tourtières, enfin toute la cuisine du chantier entrait directement dans le chaudron. Quand ce n'était pas ça, nous célébrions l'invention de la *can* et de l'ouvre-boîte. Suivait un hommage bien mérité au Bromo Seltzer et au Eno. Si ses talents de comédienne tiraient un peu de la patte, ses dons de cuisinière traînaient aussi dans les coulisses. Je ne sais pas ce que sa mère lui avait montré, mais ce n'était certainement pas à faire la cuisine. Comme il ne fallait pas la vexer, il fallut user de beaucoup de diplomatie pour lui trouver un remplaçant. Quelqu'un fit alors courir la rumeur que ce n'était quand même pas juste que tout le boulot alimentaire échoue à une seule personne. Que ce serait plus normal qu'il y ait comme une sorte de rotation. Clara ne semblait pas s'en plaindre et ne brûlait pas de partager sa place. Il fallut trouver de puissants arguments et lui remémorer le long cheminement (toujours en cours) de la justice pour qu'elle accepte de partager son tablier. Ce fut un doux soulagement, car Paulo faisant sa part, nous pûmes apprécier une cuisine bien différente. Des sauces, des poulets à la mode d'Espagne, du jambon farci à la Reine, enfin toutes les recettes de la

Tour d'Argent débarquées à Saint-Pie. Où avait-il acquis cette
science? Impossible à savoir. Avec lui c'était toujours le mystère.
Je crois que Clara sut aussi apprécier la différence, car, la semaine
suivante, je la vis revenir du village avec un livre de recettes de
sœur Angèle. Et lorsque Paulo dut «rotater» *because* la rotation,
nous nous aperçûmes tout de suite qu'il y avait un progrès. Les
repas ne sont pas tout. Entre leurs heures institutionnalisées, il
y en a d'autres à occuper. Et ce ne sont jamais les tâches qui manquent. Le ménage, les commissions, réparations diverses, etc.
Je me partageais ces travaux avec Tibi. Si «côté bras» les fonc-
tions furent léguées et divisées sans trop de problèmes, pour ce
qui est de l'argent cela fut beaucoup plus ardu. Non pas que la
générosité tendait à se dissimuler, mais tout le monde était cassé.
Il me restait quelques sous de la tournée européenne que je mis
sur la table sans rechigner. Paulo fit de même tandis que Clara
accepta de nous refiler son chèque d'assurance-chômage, le temps
que ça durerait. Quant à Tibi, il faut dire qu'un séjour en prison
ce n'est pas ce qui enrichit son homme. Ce «Voyage au bout de
la nuit» lui ayant carrément magané le sens moral, je ne savais
s'il fallait le croire. Quoi qu'il en soit, tout le «pot» sur la table,
cela ne faisait pas grand-chose. De quoi vivre chichement pendant quelques mois, plus un ou deux paiements à la banque. Il
fallait trouver du travail ou un miracle quelconque. Nous décidâmes d'abord de chatouiller le «miracle». C'est ainsi que réappa-
rurent quelques annonces dans *Le Devoir*. Les réponses arrivèrent
nombreuses. Il y a en chacun de nous un côté «apôtre» qui se cher-
che des condisciples et une ferme. Il fut décidé de faire passer
tout d'abord des auditions, question de faire le tri. Si la bonne
volonté est une chose, les individus qui la courtisent en sont une
autre. Il y a souvent intérêt à examiner le dévouement de plus
près. Il n'était pas question de laisser entrer sur le terrain des gens
plus ou moins fiables qui auraient pu, à la longue, nous faire des
histoires ou même tenter de prendre le «pouvoir». Si pour le
royaume des cieux il y a beaucoup d'appelés mais peu d'élus,
dans une commune c'est le même principe.

— Qu'est-ce qui vous attire vers une vie commune?

Suivait une suite de justifications qui allaient de l'écœure-
ment au besoin d'écrire, de faire de la peinture, de la musique.
Un énième voulait étudier les insectes ou apprendre à ruminer
pour faire son lait. D'autres voulaient faire de la couture, trico-
ter dans le fond d'un bois, ou carrément s'allonger pour regarder
tourner la Terre. Toutes ces motivations, très légitimes, se devaient
d'être respectées. Et nous les respections, les comprenions, en
y ajoutant même un peu de notre cru. Ce qui ne plaisait pas toujours. La nature étant ce qu'elle est, on finit toujours pas se mettre le nez dans les affaires des autres. Les problèmes commençaient
surtout quand il fallait leur faire comprendre que la paix, le bonheur, ruminer, chercher des trèfles à quatre feuilles, c'est bien
gentil, mais qu'une commune ce n'est pas que cela. Il faut aussi
y travailler, se partager les tâches et faire un «pot». À ce mot,
tout de suite une inquiétude perçait chez l'aspirant.

— Un pot...?

— C'est-à-dire que nous mettons tous les œufs dans le même
panier.

L'inquiétude baissait d'un cran.

— S'il ne s'agit que des œufs.

Il fallait alors leur faire comprendre que ce n'était qu'un langage imagé mais qu'en fait, ce n'était pas tellement des œufs que
de l'argent qu'on mettait dans le «pot». Aussitôt l'inquiétude
remontait de trois crans et plus.

— Combien? disaient les gens.

— Ce que vous avez. Ceux qui ont plus donnent pour ceux
qui ont moins.

C'est cette petite phrase pernicieuse qui gâchait tout. Donner pour ceux qui ont moins c'était vraiment trop demander. «Si
tous n'en mourraient pas, tous en étaient atteints» (La Fontaine).
Se levant brusquement, comme s'ils venaient de recevoir une flè-
che dans le cœur, ils «larmoyaient» qu'ils allaient y réfléchir et
s'en allaient pour ne plus jamais revenir. Il fallut trouver autre
chose. On songea même à faire donner à ceux qui ont moins pour
ceux qui ont plus. Il s'avère que ceux qui ont moins sont souvent
plus généreux. Il s'avéra également que c'était mathématiquement
difficile. Il aurait donc fallu se résigner à ce que chacun donne

un certain montant, le même, à chaque semaine. De commune nous serions devenus pension. Paulo prit très mal la chose. Ses grandes idées descendaient encore de plusieurs marches. S'étant résigné à ne pouvoir changer le monde, il avait mis tous ses espoirs dans cette commune. Et déjà c'était le fiasco. Non seulement les riches ne voulaient pas donner pour les pauvres, mais en plus pour ce qui était des tâches, il y avait aussi de la tension. Les uns disaient être allergiques à la poussière, d'autres au linoléum de cuisine; un autre ne pouvait pas monter les escaliers ou les descendre; certains avaient peur des fourmis, des ombres dans la grange, des oiseaux qui pouvaient leur chier dessus, d'une vieille planche qui pourrait tomber, d'un chien enragé qui aurait pu arriver de quelque part, enfin il y en avait pour tous les goûts. Même que nous en étions devenus royalement écœurés. Déjà qu'il nous fallait beaucoup de patience et d'amour pour accepter le monde, c'en était trop. Si bien qu'après une audition, lorsque «la petite nature» ou la «geignarde» se retirait, Tibi, caché derrière le gros arbre à l'entrée de la cour, leur «câliçait» de bon cœur un grand coup de pied au cul. Au bout d'une semaine, après 88 interviews il n'en restait que trois qui étaient prêts à se plier aux exigences de base de toute commune: partage, ménage et sarclage. Trois. Pas des «ordinaires». Il semblerait que pour l'«utopie», il faille surtout compter sur les fous ou tout au moins sur les «bizarres». Les normaux ne sont pas parlables. Trois qui se nommaient Marcel, Wendell, et Grétel. Marcel, qui venait du lac Saint-Jean, avait passé une partie de son enfance en dessous de la galerie. Alors le partage, le ménage ou un sac de couchage, ça ne le dérangeait pas beaucoup. Wendell venait des Philippines et avait grandi dans un des nombreux bidonvilles qui ceinturent Manille. Grétel, pour sa part, était une Suédoise. Elle était arrivée en Amérique avec son frère Hansel lorsque son père, capitaine de navire, leur avait proposé de faire un petit tour et les avait dumpés à Boston. Semble-t-il qu'il les trouvait assez vieux et qu'il les avait assez vus. De fil en aiguille, ils s'étaient retrouvés à Montréal, ayant entendu dire que l'argent traînait dans les rues. Hansel cherchait encore. Il aurait déjà trouvé, lors de cette rencontre, huit dollars soixante-quinze. Ce n'était qu'un début. Il ne faut jamais se décourager.

Quant à Grétel, elle avait travaillé, dès son arrivée, comme serveuse dans une pizzeria. Et c'est un soir en passant le balai qu'elle avait trouvé, sous une table, une numéro du *Devoir* qui traînait là. C'est bien connu qu'à la fin de la journée, tous les numéros du *Devoir* traînent quelque part. En consultant les annonces classées, elle avait vu notre entrefilet. Cela l'avait intéressée, car justement, les communes, elle connaissait. Sa mère en était une qui partageait sa couche avec à peu près n'importe qui. Alors le «partage» lui était familier. Surpris qu'elle se débrouille si bien en français, nous sûmes qu'en Suède, dès le bas âge, les enfants sont tenus d'apprendre une langue seconde. Et elle avait choisi la nôtre, sans doute influencée par le comportement de sa mère, s'imaginant qu'avec le français elle pourrait se lancer plus facilement dans la ligne. Cela nous inquiéta un peu: s'il faut qu'elle se tape tout le village. Tout cela relevait de notre imagination, tenait de la médisance pure, du diable en personne. Après trois *mea culpa,* nous l'acceptâmes avec chaleur et générosité. Elle en était toute émue et nous promit de faire de son mieux. Nous étions alors sept: Paulo, Clara, Tibi, Marcel, Wendell, Grétel et moi-même. Comme sept est un chiffre chanceux, nous entrevoyions l'avenir le cœur serein. Les mois qui suivirent furent, sans doute, les plus beaux de notre vie. Grétel travaillait à la «pizza» du village et nous donnait tous ses revenus: trois piastres de l'heure plus les *tips.* Clara s'occupait de la cuisine, en alternance avec Paulo, et nous remettait, tous les quinze jours, son chèque d'assurance-chômage. Quant à Marcel, Tibi et Wendell, ils vaquaient ici et là, voyant un peu à tout: ménage, réparage et jardinage. De ce côté-là, c'était merveilleux. Juste derrière la maison, il y avait un potager extraordinaire. Des tomates, des concombres, de la laitue, des radis, des carottes que nous vendions, le dimanche, aux automobilistes qui passaient devant la maison. Le miracle dont nous avions rêvé (une dame riche qui aurait mis toute sa fortune dans la commune) s'avérait être encore plus beau. Des tomates, la paye à Grétel et le chèque à Clara. Ce n'était point tout. Il y avait aussi trois grands champs dont nous ne nous étions pas encore préoccupés. Puis, un dimanche après-midi, pendant que nous vendions nos concombres, l'habitant d'à côté, qui nous avait toujours regardés avec méfiance, se ramena la fraise pour nous proposer de les louer pour faire du foin. C'était la fortune. Pas celle des Bronfman, mais c'était quand même un début. À un certain niveau de chance, quand tout concorde vers le bonheur, c'est que Dieu lui-même nous a pris en mains. Quand on sait tous les microbes et les mauvais esprits qui traînent dans l'espace, pour que ça aille bien, il faut vraiment que la Providence s'en mêle. Il n'y a pas d'autre réponse. Alors nous nagions dans la félicité. Peut-être y avait-il une explication à tout cela. Tous les soirs, devant une petite statue de la Vierge, Grétel disait un chapelet, plus quelques prières, le nez dans un missel. Alors, d'avoir eu quelques jugements malicieux à son égard nous faisait rougir de honte. Respectant la liberté de chacun, nous faisions comme si nous ne voyions rien. Puis un jour, d'elle-même, elle nous avoua avoir fait partie, à Stockholm, des témoins de Jéhovah. Mais ayant depuis quitté cette secte, elle avait gardé quand même une foi profonde. Dans un autre coin du salon, sur une petite table, il y avait une autre statue de la Vierge, mais les yeux un peu bridés. Chaque soir, avant de monter à sa chambre, Wendell, profond catholique (comme tous les Philippins) s'agenouillait devant. Nous en vînmes à nous demander s'il n'y avait pas quelque chose, quelque part, à laquelle nous ne nous étions jamais arrêtés. Un jour que Tibi avait affaire à Saint-Hyacinthe pour des emplettes, il en profita pour rapporter trois autres petites statues de la Vierge que nous avions disposées dans trois coins de la cuisine. Si bien que, chaque soir, à l'heure du repos bien mérité, cinq prières montaient vers le ciel. Ce qui nous attirait, automatiquement, les bienfaits du Seigneur.

L'hiver qui suivit fut des plus blancs que l'on puisse connaître. Paix, bonheur, prière et prospérité, troublés seulement par la visite de quelques personnes qui, après mûre réflexion, avaient décidé de se joindre à nous. Mais il n'en était plus question. Avec toute la chance que nous apportait le chiffre 7, nous n'étions pas pour nous risquer à 8 ou 9, ce qui aurait pu briser l'effet magique. Si l'hiver fut des plus blancs et des plus prospères, il fut aussi un peu plate. Il n'y a pas de bonheur parfait. Les soirées, surtout, étaient longues. Les femmes s'occupaient à divers travaux (couture, tricot), tandis que les hommes jouaient aux cartes. Quand le temps s'étire, les mauvaises pensées refont surface et tous les fantasmes amoureux, ou les désirs les plus légitimes s'emparent de notre esprit. Il n'était pas question, bien sûr, de quelque romance que ce soit avec les dames du lieu. Dans une commune il faut de la discipline. S'il faut que la sexualité s'empare de la place, il ne faut pas beaucoup de printemps pour que le bordel s'installe avec son contingent de jalousie, de chicane, tout l'*average* de l'amour ordinaire. Donc il n'en était pas question. Comme toujours, les principes ont le dos large, et, la nuit, nous entendions parfois de curieux craquements. J'avais songé à me lever, Paulo aussi, pour aller voir. Mais voir c'est savoir. Et quand on sait, les choses ne sont plus jamais les mêmes. L'âme se trouble, la colère nous colore les joues et la haine fait le reste. Alors nous avions décidé de fermer les yeux. Après tout, ce qui se passe la nuit, ça ne regarde personne: tant que les choses demeurent discrètes. Ce n'était pas nécessaire d'être Sherlock Holmes pour deviner que du côté de Marcel et de la Clara, il y avait du parfum dans l'air. D'ailleurs, il paraissait bien, le Marcel. Grand, musclé, les cheveux frisés, le regard cochon, il avait tout pour plaire. Surtout à Clara qui s'amourachait facilement. Du côté de Wendell et de Grétel, il semblait y avoir aussi quelque chose. Tout cela n'était que des suppositions. Nous n'avions aucune preuve concrète. Que des craquements, des regards furtifs, c'était tout. D'ailleurs, les gens qui ne se mêlent pas de leurs affaires se trompent régulièrement. Pendant que se passaient toutes ces choses mystérieuses, Paulo et moi-même nous nous embêtions tragiquement avec en tête les pires idées que seules peuvent inspirer les grandes frustrations, lorsque quelqu'un nous parla, d'une danse, tous les samedis soirs, à la salle des Chevaliers de Colomb où, semblait-il, il y avait des possibilités pour toutes les amours imaginables. Les foudroyantes, les savoureuses, les perverses, les enragées, plus quelques maladies. Le samedi suivant, nous y étions comme un seul homme ou deux hommes seuls. Une charmante dame, très accueillante, qui semblait bien connaître le bétail, après un rapide coup d'œil sur nos personnes, nous dirigea, sans hésiter, vers deux dames qui étaient assises le long de la piste de danse. Il s'agissait d'une veuve et d'une divorcée. Nous présentant, elle me fit asseoir près de l'une tandis que Paulo eut droit à l'autre. Après quelques échanges verbaux, des plus banals, nous nous dirigeâmes vers la piste. Tout en tournant sur une *tune* faite pour faire tourner, j'essayai d'être le plus brillant possible, cherchant, occasionnellement, à la coller un peu. Elle ne semblait pas y tenir plus que ça et me repoussait d'une main ferme. Alors j'essayai de l'éblouir encore, lui refilant tous mes voyages, mes aventures, les conférences, Crésus, le film, tout mon meilleur répertoire, mais ça ne marchait pas. J'ai fini par comprendre que son ancien mari, décédé à l'âge de 53 ans (je lui offris d'ailleurs mes sympathies dans les plus beaux termes du genre), était un sportif et avait fait toute sa vie dans ce milieu. Je compris et abordai ce domaine dans lequel je ne connaissais exactement rien. Il faut toujours essayer! Hélas! après quelques grossières erreurs et des bourdes meurtrières, elle retourna s'asseoir et me dédaigna le reste de la soirée. Paulo, pour sa part, essaya aussi de briller le plus possible avec toutes ses fameuses théories, mais comme moi, connut un *flop* digne de passer dans les annales. Sa divorcée, dont le mari tenait un garage, ne causait que de voitures et en parlait amplement. Ayant déjà fait un peu de bicyclette, il essaya de l'amener sur ce tapis. Ce fut son erreur. Pour elle, une bicyclette, ça n'existait même pas. Bon pour les débiles. Ce qui lui valut tout de suite un classement dans le genre. Le reste de la soirée fut aussi, pour lui, des plus silencieux et des plus pénibles. Toujours courageux, nous nous repointâmes à quelques danses, essayant encore d'éblouir de tout savoir quelques veuves ou divorcées dont les maris avaient été épicier, coureur des bois, *doorman* de club, organisateur de bingos, autant de professions dans lesquelles nous nous enfargions de la plus belle façon. Cela finissait toujours avec des faces longues, des heures plates, enrobées d'un froid total très difficile à réchauffer. Alors nous dûmes abandonner et nous résigner au fait qu'on ne «pognait pas» pantoute. Nous finîmes l'hiver à jouer aux cartes.

Pour leur part, Marcel et Wendell avaient l'air très heureux, satisfaits, les sens comblés, et ces dames de même. Il y avait toujours pas moyen de savoir, mais c'était clair qu'il y avait du cul dans l'air. Et s'il y a quelque chose de frustrant dans le monde, c'est d'être pogné tout seul dans une chambre, avec des désirs amoureux comme un volcan, pendant que de l'autre côté du mur, les quatre fers en l'air, ça se bombarde le derrière, toute la jouissance du ciel en dessous des couvertures, comme dans les couvents du Moyen Âge.

10

Le canard du coin

Lorsque vint le printemps, comme si un grand vent avait traversé la maison, tout le monde se retrouva dehors, courant, s'emplissant les poumons de l'air nouveau et chantant. Soudain j'ai eu l'impression que toute la nature, comme paniquée, s'était figée un court moment, se demandant si elle devait continuer. Même les vaches du voisin semblaient avoir perdu la tête. Elles gambadaient, les trayons d'un bord, la queue de l'autre; on aurait dit un *party* de bureau dans le temps du jour de l'An. Tout à coup, un cochon était entré dans la cour, allant à droite, à gauche, tournant sur lui-même. Dans un cours de ballet-jazz, il aurait fait sensation. Pour notre part, nous avions eu peur. Quand un cochon de 350 livres se ramène la fraise, à vingt-cinq milles à l'heure, ce n'est pas le moment d'être dans ses jambes. Alors nous nous étions réfugiés sur la galerie, nous armant d'un balai, d'une bûche, d'une fourche, au cas où! Au bout d'un moment, le maître s'était ramené tout essoufflé:

— Mon cochon, mon cochon!

Il semblait y tenir. Il faut dire aussi que c'est un capital. De la moulée, du soin, du temps. Ça vaut du «foin», un cochon.

— Aidez-moi, aidez-moi!

Alors nous voici, les armes à la main, essayant de le cerner. C'est malin, un cochon. Et c'est observateur. Avec toute la visite qui venait l'examiner le dimanche après-midi (on va-t'y voir le cochon!), il avait appris, après deux ou trois grognements qui faisaient reculer tout le monde, que les hommes sont plutôt peureux. C'est pourquoi, pendant que nous essayions de le cerner, il fonçait sur un, sur l'autre, tout le monde se retrouvant sur la galerie. Le fermier aussi.

— Rita, Rita, cria-t-il, viens rentrer le cochon!

Et nous vîmes arriver, comme une montagne sur deux pattes, Rita en personne. S'avançant calmement vers cette masse de boudin, elle dit, pointant la porcherie:

— Adhémar, marche par là!

Et Adhémar marcha par là. Comme elle était plus grosse que lui, il n'osa pas la contredire. D'après moi, elle l'avait déjà tassé dans le coin et il s'en souvenait. On a beau avoir une tête de cochon, il y a des choses dont on se rappelle.

Donc, le printemps étant revenu, Grétel, sans prévenir personne, lâcha sa job. Pour elle, le travail et le beau temps ça ne marchait pas ensemble. Ce qui fit un sérieux trou dans nos moyens de subsistance. Pour sa part, avec les feuilles qui repoussaient, Clara décida de renouveler sa garde-robe. Ce mois-là, le chèque d'assurance-chômage, il ne fallait plus y compter. D'ailleurs, c'était une bonne pratique, puisqu'ils achevaient de toute façon. Ces légères contradictions nous rappelèrent qu'il ne faut pas compter sur les femmes pour toute la vie. Il fallut songer à travailler. À passer un hiver à rien faire, l'habitude se perd. Alors nous nous interrogions, nous cherchions, lorsqu'un dimanche après-midi Marcel eut une idée de génie. Voyant défiler les voitures devant la maison, il se leva tout à coup en criant:

— Je l'ai, je l'ai!

J'ai cru tout d'abord qu'il venait de gagner la loto. Non!

— Un jardin, dit-il, un jardin, nous allons faire un jardin.

Comme il y en avait déjà un à côté de la maison, que nous venions d'ensemencer, nous ne trouvions là rien d'original.

— Non, dit-il, un Jardin des merveilles, avec des animaux, pour les touristes. Regardez les enfants.

— Les enfants! où ça les enfants?

— Dans les voitures.

Effectivement, dans chaque voiture, il y avait des enfants,
le nez écrasé sur la vitre, qui semblaient s'ennuyer joyeusement.

— On va aller faire un tour à la campagne, avait dit papa.

La campagne ils la voyaient défiler pendant des milles, comme
un film plate, pour aboutir devant des frites chez McDonald.
L'idée, il n'y a pas d'erreur, avait de l'allure. Quelques clôtures,
des lapins, des chèvres, des poules, peut-être une bête puante,
et le succès était dans nos poches. C'est exactement ce qui se passa.
Tous les dimanches après-midi, une centaine de voitures, parfois
plus, s'arrêtaient, stationnaient dans la grande cour, et, pour la
modique somme de cinq dollars pour les adultes, de deux pour
les enfants, toute la famille avait droit aux «merveilles». Nous
avions installé ce «jardin» dans un des champs que nous avions
loué au fermier d'à côté. Bien entendu, il fallut en arriver à un
arrangement puisque le bail était de cinq ans. Avec un pourcen-
tage des recettes, le tout se régla à l'amiable. Il y a plus de «foin»
à faire avec des touristes qu'avec du vrai foin. Nous avions bap-
tisé ce petit paradis: *Au Canard du coin - Parc d'amusement*. En
plus des canards, pour lesquels nous avions creusé de nos pro-
pres mains un étang «enchanteur», il y avait aussi des poules, des
lapins, des chèvres, des moutons, deux cochons, un âne et un ours.
Un vrai que nous étions allés chercher au zoo de Saint-Félicien.
Marcel venant du coin, il avait des relations. Ce n'était pas un
ours du dernier printemps, mais il avait encore assez d'allure pour
éblouir des enfants. Le problème avait été de l'amener jusqu'à
la ferme. Nous avions loué, pour l'occasion, une remorque servant au transport des chevaux de course. Celui-ci ne semblait pas
apprécier la chose outre mesure. Il grognait, donnait des coups
avec son gros derrière sur les panneaux. Ce qui risquait de faire
culbuter la remorque. C'est pourquoi nous nous étions arrêtés à
Chicoutimi chez un vétérinaire qui lui avait fait une piqûre assez
puissante pour assommer un cheval. Avec ce genre de remorque,
cela allait de soi. Après, il avait dormi jusqu'à Saint-Pie et plus,
puisqu'il mit douze heures à se réveiller. C'est pourquoi, la cage
montée (que nous avions eue en prime avec la bête), il fallut se

mettre à dix pour soulever l'ours, le déposer sur un chariot et le transporter jusqu'à sa résidence, tremblant de peur qu'il se réveille.

Donc, les dimanches après-midi, particulièrement, le *Canard du coin* ne désemplissait pas. Les grands comme les petits s'émerveillaient à chaque arrêt, pendant que Tibi (ayant retrouvé son bagoût de l'époque des Congrès), tout en les dirigeant, inventait des histoires sur l'évolution des poules depuis l'époque romaine, sur la découverte des lapins par Jean-Jacques Rousseau, ou sur la mémoire des cochons qui peuvent apprendre un livre par cœur. Et le bon peuple de gober tout cela. Ce qui m'éclaira sur le succès de beaucoup de nos politiciens. Le clou de la visite était, sans aucune hésitation, la parade des canards. Clara, déguisée en clown, les faisait défiler jusqu'à un gros tuyau en tôle, de 10 pouces de hauteur et d'une longueur de 18 pieds (nous l'avions fabriqué nous-mêmes), dans lequel les canards s'engouffraient pour ressortir à l'autre bout. Continuant à les diriger, elle leur faisait faire encore un petit tour sur le gazon, pour les ramener au tuyau dans lequel ils s'engouffraient à nouveau mais pour ne plus réapparaître, enfin pas tout de suite. La foule, troublée, commençait à s'inquiéter:

— Ou sont-ils passés, sont-ils morts?

Et bien sûr qu'il y avait toujours quelques crétins pour nous traiter d'assassins:

— Appelez la police, la Société protectrice des animaux.

À chaque fois que cela se produisait, Tibi était en beau joual vert et il fallait le retenir. La réponse à ce mystère était très simple. L'idée venait de Grétel qui avait vu quelque chose dans le genre à Stockholm. Au milieu du tuyau, un gros lapin en carton cachait l'embranchement d'un autre tuyau qui s'enfonçait dans la terre pour déboucher à vingt pieds de là. Clara, précédant les canards, poussait une plaque de tôle qui, obstruant le chemin, les obligeait à bifurquer vers la deuxième voie. Parce qu'il faisait très noir, nous avions cru être obligés d'installer quelques ampoules. Mais pas du tout. Les canards, comme les philosophes, sont attirés par la lumière; apercevant un point du jour, à l'autre bout, ils s'y dirigeaient directement. Lorsqu'ils réapparaissaient, sortant de terre, l'émerveillement était à son comble et les «crétins», se faisant discrets, disparaissaient. Je ne veux pas me vanter mais notre jardin, malgré sa petite taille, avait de l'allure et les gens s'en retournaient satisfaits. Le beau temps aidant, l'été nous apporta le succès et la fortune que nous engrangions pour les mauvais jours. L'argent, hélas! a toujours été une cause de conflits et de divisions. Nous ne fûmes point exemptés de ce mauvais sort. La chose se présenta, comme toujours, d'une façon inattendue. Et pour nous, ce furent bêtement des sandwichs. C'est Wendell qui avait eu l'idée. Aux Philippines soixante-dix pour cent de la population ne mangeant pas tous les jours, tout ce qui a trait à l'appétit est la première chose qui leur vient à l'esprit. Wendell songea donc qu'après un petit tour de jardin l'appétit revient. Il s'était construit un petit comptoir où les gens pouvaient se procurer des frites, des sandwichs et du café. Plus, bien entendu, les inévitables chips, pop-corn, tablettes de chocolat. Comme l'argent entrait dans la caisse, il devait normalement tout remettre à la communauté, mais surgit un conflit. D'un certain point de vue, ses arguments se tenaient.

— C'est mon comptoir, mon travail, mes sandwichs, mon argent. J'en fus étonné. Je croyais qu'il avait compris le sens de notre entreprise. Cela ne semblait pas le cas. S'il s'était joint à nous, c'était surtout pour se dépanner en attendant. Paulo en fut très vexé, tout à son idéal, refusant encore de voir les hommes tels qu'ils sont. Après de vives discussions, il accepta de nous verser un montant d'argent en guise de location. Puis, empochant le reste, il disparut. Un malheur ne venant jamais seul, Grétel le suivit. Ce qui éclaira certains craquements nocturnes. En somme, nous nous étions fait avoir. De communauté nous étions devenus un centre de dépannage. C'est pourquoi il fut décidé de ne plus prendre personne d'autre sans un examen plus approfondi. Après tout, s'il faut des années d'études avant d'entrer dans une communauté religieuse, pourquoi nos aspirants seraient-ils acceptés sur un simple coup de tête? C'est pourquoi Paulo parla de mettre au point une suite d'«épreuves» à passer avant de pouvoir joindre le groupe. Il en parla, mais ne le fit jamais. Une forme de désenchantement s'était emparée de son esprit. Toutes ses illusions, ses rêves, se brisaient peu à peu sur la dure réalité des choses. C'est aussi parce que, malgré la justesse de ses critiques et de ses opinions, il manquait quand même d'une certaine maturité. Un peu comme un homme qui réalise que tout le merveilleux de son enfance n'était qu'illusions. Perdant, petit à petit, le goût du combat, le feu sacré, il en vint à ne plus rien faire, à tourner en rond et à passer ses soirées à la brasserie, silencieux, n'adressant la parole à personne ou qu'à de rares occasions. Avec septembre de retour, la foule s'estompant et retournant à ses occupations, il nous fallut songer à préparer l'hivernage de nos pensionnaires. Tibi et Marcel travaillèrent à l'isolation des murs de la grange, pendant que, pour ma part, je construisais des clos pour loger et séparer les animaux. Pour ce qui est de l'ours, nous le transportâmes tout simplement dans la cage en nous informant en quoi se résumait leur fameuse hibernation. Tout ce changement s'opéra au fil des jours sans trop de problèmes. Quant à Clara, elle réussit à «repiquer» l'emploi de Grétel à la pizzeria. Pendant ce temps, Paulo tournait toujours en rond, désemparé, se cherchant. Vint le mois de novembre avec ses premiers froids. Tibi s'occupa à nourrir les animaux tandis que Marcel nettoyait les lieux et que je voyais à l'entretien de la maison. Puis vint le drame. Une nuit, éveillé par une sorte de pressentiment, je me précipitai à la fenêtre pour apercevoir des flammes qui sortaient de la grange. Réveillant tout le monde, je me précipitai pour ouvrir la grande porte et libérer les animaux, tirant l'écrou de chaque clos. Je crus qu'ils se précipiteraient vers la sortie, mais pas du tout. Ils tournaient en rond, ne sachant où aller. Il fallut les sortir à coups de balai, courant à droite, à gauche. Les flammes gagnant en étendue, nous n'avions pas le temps d'attacher l'ours et de transporter sa cage. Nous prîmes la décision d'ouvrir la grille et de le laisser partir. Effectivement, il décampa à toute allure. Il ne nous fut pas nécessaire de nous servir du balai. Il était déjà loin. Ce fut notre erreur. Il aurait été de beaucoup préférable de prendre quelques minutes pour lui passer un licou. Il faut dire aussi qu'il était nerveux et que nous avions peur. Une fois lâché, il avait pris la route et, pour notre malheur, il rencontra des enfants qui s'en venaient «au feu». Sans doute à cause de l'énervement, les apercevant, il les avait attaqués en leur donnant des coups de ses grosses pattes. Heureusement que l'idée ne lui vint pas de mordre. Car cela aurait été beaucoup plus grave. Par la grâce de Dieu, il n'y eut pas de morts. Les blessures allaient cependant, irrévocablement, laisser des séquelles chez certains. Ce qui nous valut des poursuites. Heureusement qu'en obtenant un permis pour opérer, il nous avait fallu prendre des assurances qui couvraient ce genre d'accident. Le montant qui nous était alloué ne remboursait qu'une partie des réclamations. Nous dûmes nous résoudre à la faillite. La banque reprit la ferme et nous retournâmes à Montréal. Nos problèmes n'étaient pas réglés pour ça. La justice semblait bien avoir l'intention de nous faire payer. Et comme en tant que «communauté» nous étions tous responsables, inutile de vous dire que l'ambiance n'était pas à l'amitié. Les mois qui suivirent brisèrent Paulo définitivement. Craignant un malheur tous les jours, je partais à sa recherche pour le trouver dans un bar ou sur un banc à la place Desjardins. Il n'avait vraiment plus le goût de rien et buvait beaucoup. J'avais essayé de le remotiver avec ses conférences. Cela marchait quand même bien. Il y avait du monde et ça lui permettait de se défouler tout en œuvrant pour une bonne cause. Bien sûr que c'est impossible de changer le monde, mais toutes les critiques ne sont jamais perdues. Elles ouvrent les yeux à plusieurs, et c'est ainsi que, peu à peu, la bonne parole se répand. Il n'était même plus intéressé. Il n'y croyait tout simplement plus. Une dépression totale. C'est ce qui guette souvent les idéalistes. il n'y a rien de pire que les grandes idées. Surtout si elles sont justes. Dans une société où les valeurs foncières relèvent de la rapine et de l'exploitation, elles le sont inévitablement. Il est facile d'en trouver les failles. Ce qui ne l'est pas, c'est de vivre avec. Les réalistes s'en sortent mieux. «Qui ne peut vivre avec son temps est condamné à mourir.» C'est bien ce qui m'inquiétait. Je le suivais de très près, essayant de prévenir une bêtise. Car un moment de dépression ne dure pas toujours. Il suffit parfois d'un événement, d'un mot, pour que la personne sorte de son état et retrouve un nouvel élan. C'est ce que j'espérais pour lui.

11

La déprime

D'un monde, il en existe en fait deux. Celui des États, des banquiers, des marchands; l'autre, celui de ceux qui survivent, qui subissent, sans cesse à l'affût d'un minimum qui se fait toujours difficile. D'où vient la misère morale, le plus grand fléau de ce monde et de tous les temps. L'esclave souffre en silence, et lorsqu'il se rebiffe, c'est pour se retrouver encore au même point: comme une fatalité qui fait qu'en dépit d'une évolution de façade, son état reste le même. Toute cette énergie, d'où viennent la forme et la matière, n'est pour lui qu'un immense désenchantement. Alors il oublie sa souffrance dans une multitude d'illusions et d'échappatoires. Et comme modèle, dans le genre, je crois qu'il ne s'était rien fait de mieux que *Chez Clarisse,* un petit bar de la rue Saint-Dominique, entouré de maisons vieillottes, d'où on ne voyait entrer ou sortir que des êtres diminués. L'ambiance du lieu reflétait, comme dans un miroir, la glue spirituelle des clients effondrés. Là était le désespoir, le portique de la mort et du néant. Assis sur des petits bancs ou des coussins, les égarés causaient à demi-voix, baignant dans une lumière blafarde à travers laquelle nous n'apercevions que des ombres. Une musique dominait les conversations, si bien qu'en entrant, nous avions l'impression que tout le monde parlait sans émettre de sons.

C'est dans cet antre crépusculaire que Paulo se retrouvait tous les soirs. Désillusionné, il était là parmi les siens. En plus de boire la mer, il fumait aussi quelque tabac volcanique. Si bien qu'il n'était jamais tout à fait présent, flottant entre deux mondes. N'ayant plus rien à quoi se rattacher, il s'accrochait à quelques amitiés éphémères ou quelques filles faciles. En perdant l'essence de ses motivations, il avait retrouvé l'attrait du parfum féminin et des caresses charnelles qui lui avaient manqué pendant si longtemps. Ne sachant toujours pas où il logeait, je le retrouvais soit dans ce bistro, soit chez une fille du nom de Sarah qui habitait rue Drolet. Quoique assez jolie, elle n'était quand même pas du genre à fréquenter. Pour se retrouver, ce n'était pas la solution. Pourtant, il semblait beaucoup se plaire en sa compagnie. Comme tous les êtres égarés, elle était plutôt généreuse et partageait avec lui son gîte et ses joints. Par contre, Paulo payait aussi sa part. Il n'était pas chiche. Ayant eu droit à une certaine somme d'argent lors de la catastrophe de la ferme, un magot que nous avions réussi à sauver de la faillite, il avait les moyens d'épargner son orgueil. Cela ne devait pas durer, mais, en cette période houleuse, il pouvait encore mettre la main dans sa poche sans n'en retirer qu'un paquet d'allumettes. Donc, sa vie errait entre quelques lieux fumeux et cette Sarah qui venait de Destor, près de Rouyn, dans la lointaine Abitibi. Issue d'un milieu familial ombrageux, elle s'était retrouvée, à peine sortie de la puberté, à Montréal, où, peu à peu, elle avait sombré. Vivant de fusains qu'elle vendait au hasard de ses rencontres (elle avait quand même du talent), elle créchait dans ce petit trois pièces et demie de la rue Drolet, où régnait un désordre qui relevait du passage des Huns au début de notre ère. Tout traînait dans cet appartement. Les vêtements débordaient sur toutes les surfaces possibles, la vaisselle de l'évier, et les cendriers de cigarettes éteintes depuis de nombreuses années. Pour marcher dans ce chaos, il fallait avoir des dons d'équilibriste, et en mettant les pieds dans un espace libre, nous les déposions dans un nid de poussière. Pour ce qui est du lit et des draps, il fallait avoir du courage. Paulo semblait en posséder. Enfin, puisqu'il semblait apprécier sa compagnie, il valait mieux ça que rien du tout ou que le suicide, même si ce n'était pas l'idéal. Je lui aurais préféré, de beaucoup, n'importe quelle secrétaire ayant quelques manières et sachant opérer un aspirateur. Surtout que côté «joint», il semblait prendre quelques chemins de travers et expérimenter des «amortisseurs» plus dangereux. Puis j'en vins à me rendre compte qu'en plus de ses fusains, la Sarah faisait aussi commerce d'une sorte de poudre. Ce qui m'inquiéta de plus en plus. Il me fallait faire quelque chose. Quoi? C'est une nuit, dans un rêve, que je trouvai la réponse. Aussi étonnant que cela puisse paraître, les Pharaons, Joseph, les rêves, c'était vrai. Et c'est au milieu d'images incohérentes que je me réveillai, subitement, en prononçant:

— Livre, un livre!

Le lendemain, le cherchant, je le retrouvai au parc Lafontaine, assis parmi les feuilles d'automne.

— Paulo, lui dis-je, j'ai pour toi une idée extraordinaire; il faut que tu écrives un livre. Avec tout ce qui nous est arrivé depuis deux ans, il y a matière à faire un récit fantastique. Tu n'as rien à inventer. Qu'à relater, c'est tout. Les conférences, le voyage en France, la ferme, ce n'est pas banal. Cela n'arrive pas à tout le monde. Je suis convaincu que tu pourrais connaître un grand succès de librairie. Après, tu pourrais en écrire d'autres. Avec tout ce que tu as à dire tu pourrais remplir une étagère de livres de poche.

L'idée le ravit. Devant le vide et la désespérance qui l'habitaient, il y avait là de quoi occuper sa vie. Il aborda cet art nouveau méthodiquement. Il commença par se procurer une machine à écrire et à suivre des cours du soir. Treize semaines à deux lettres par semaine. Comme il y en a vingt-six! Un ami, qui avait un restaurant, lui prêta un petit local dans sa cave où, entouré de boîtes de conserves en tout genre, et de quelques étagères de bonnes bouteilles, il travaillait sous la divine clarté d'une ampoule de soixante watts. Ce n'était pas l'idéal. Je lui aurais préféré une pièce baignée par la lumière du jour. Mais ce côté lugubre lui plaisait. Il semble qu'il faille, pour l'inspiration, une ambiance particulière. C'est pourquoi beaucoup d'écrivains ont produit des œuvres de valeur dans des locaux qui n'en auraient eu aucune dans les rubriques de «chambre à louer». Des pièces sombres et humides, avec, quand il y en avait, des fenêtres par où la lumière passait péniblement à travers plusieurs années de crasse et de fils d'araignée.

Tous les jours, sur la fin de l'après-midi, j'allais le saluer et il me montrait des feuilles dactylographiées, couvertes de mots recommencés cent fois, comme si la machine avait eu le hoquet. Je lui suggérai de commencer à écrire son chef-d'œuvre au crayon, quitte à le taper plus tard. Non. La «mine», qui fut pourtant la collaboratrice de tant d'écrivains à faibles revenus, ne lui disait rien. Il avait pourtant essayé, mais la feuille restait blanche. Je lui avais aussi parlé de l'encre, qui était apparue presque en même temps que l'alphabet. Là non plus ça ne fonctionnait pas. L'inspiration restait muette. Ce qui m'étonna, sachant que Balzac a écrit toutes ses œuvres à la pointe d'une plume. Pour sa muse cela semblait complètement dépassé. Il lui fallait une Olivetti ou rien du tout. Demain, ceux qui ne sauront manipuler quelques touches invisibles se verront interdire l'accès à cette immense bibliothèque de mots, quelque part dans le ciel, où se trouve la source de toute inspiration. Ce n'est que lorsqu'il sut se servir de cette invention, à peine centenaire, qu'il se mit au travail. Et, comme toujours, d'une façon méthodique. Tant de pages, tant d'heures et de cafés, par jour, avec sa fin de semaine libre. Heureusement qu'il n'était pas syndiqué car le patron de l'établissement aurait été obligé de lui payer des vacances. Avec ce travail, pendant six mois, il reprit goût à la vie. S'il était rêveur, il était aussi travaillant et courageux. S'asseoir devant une machine à écrire pendant six mois, cinq jours par semaine, huit heures par jour, il faut le faire. Il n'est pas question ici d'un travail de secrétariat, quelques lettres à copier, tout en causant, blaguant, agrémenté de six à sept pauses-café. Non. Il s'agissait d'un travail de création. Ce qui n'est pas la même chose. Ce ne sont pas que les doigts qui trottent, mais toute la pensée qui entre en action. Pendant huit heures, c'est épuisant.

Il tint bon jusqu'au bout. Puis un soir, fatigué mais satisfait, il m'apporta son manuscrit. Je crus que c'était pour le lire. Pas du tout. Ce n'était que pour me montrer la preuve tangible de ses efforts. Question d'évaluation, d'opinions personnelles, de critiques, aussi bénignes qu'elles aient pu être, il n'en fut pas question. Pourtant j'y avais aussi ma part, puisque maintes fois j'étais allé éclairer sa mémoire défaillante. Mais non! Même pas. Il semblait paniqué à l'idée que j'aurais pu avoir quelques réserves à formuler. Sous un vernis de certitudes se cachait un grand manque de confiance en lui-même. Sachant que son œuvre aurait à subir l'épreuve de la lecture, il était prêt à s'y soumettre, mais de la part d'un inconnu. Un éditeur de préférence. Venant d'un ami, cela l'aurait humilié, catastrophé. Nous nous mîmes donc à la recherche d'un éditeur. Je croyais que la chose serait facile, ayant une grande confiance dans ses dons et trouvant le sujet captivant et original. Ma naïveté en prit aussi pour son compte. Après avoir frappé à plusieurs portes, nous essuyâmes autant de refus. Si le récit plaisait, les idées qui s'y dissimulaient dérangeaient. Il y avait là une part d'anarchie qui déplaisait. Il fallut plusieurs mois pour dénicher un autre rêveur qui était intéressé à marcher dans l'affaire. Il se nommait Carignan, venait de Carillon, et avait fait une petite fortune à publier des mots croisés. De ce côté-là, il ne rêvait pas. Il savait où était l'argent facile. Par contre, il avait mauvaise conscience. Il aurait préféré faire quelque chose de plus valable, de plus honorable. Notre livre tombait pile. Toutes les idées exprimées étaient les mêmes qu'il cherchait à rassembler depuis longtemps en des mots qui ne lui venaient pas. Et là, tout y était! Il jubilait en disant:

— Enfin nous allons changer le monde.

Nous restâmes discrets, sachant que lui enlever ses illusions c'était perdre notre dernière chance. Il les perdit quand même. Après avoir investi vingt mille dollars dans l'affaire, avec lancement, journalistes, photos, communiqués de presse, l'effet escompté ne se produisit pas. Les critiques, drapés dans leur mépris et leur prétention, n'en parlèrent même pas. Le public suivit et les livres restèrent, confus, sur les étagères. Pour Paulo, ce fut la fin. Il retourna à ses cafés miteux et à sa Sarah du même genre, se plaisant à son désordre apocalyptique, à sa poussière endormie, tout en s'évaporant dans la poudre interdite. Puis un jour, il disparut!

12

L'affaire

Il me fallut bien une bonne semaine pour me rendre compte que Paulo était disparu. Les premiers jours, je crus qu'il s'était peut-être retiré pour quelques réflexions, puis, continuant à le chercher, l'inquiétude s'empara de mon esprit. Ma plus grande peur à son sujet avait toujours été qu'il en vienne à se suicider. Beaucoup d'idéalistes voguant de désenchantements en déceptions, finissent par choisir cette option. Et quand cette solution pénètre nos tourments, il faut une motivation particulière pour l'en chasser. Je croyais l'avoir trouvée avec le projet du livre. Devant le fiasco de l'entreprise et l'abattement qui s'ensuivit, mes craintes revinrent. C'est avec un sentiment de panique que je me mis à sa recherche sans le repérer. Allant frapper au domicile de Sarah, je la trouvai, à demi-présente, avec un groupe d'amis qui ne semblaient pas sur terre. De bar en bar, de parc en parc, c'était le vide. Il n'était nulle part. Puis un matin, dans un journal, je vis un article au sujet de trois disparitions inexplicables. Et, ce qui ajoutait au mystère, les «volatilisés» avaient tous le même métier: vendeur. Ce qui intriguait fort la gent policière. Pendant une bonne semaine, les journaux s'enflammèrent pour l'affaire. Puis la conclusion se faisant attendre, ils s'intéressèrent à d'autres intrigues morbides. Ce qui ne manque jamais. Les jours finissent toujours par dissiper l'obscurité. C'est une ménagère du plateau Mont-Royal qui alerta la police au sujet de mauvaises odeurs provenant d'un hangar déserté, situé dans une ruelle longeant la rue de Lanaudière. Rompant une chaîne, ils découvrirent trois hommes pendus, avec, cloué au-dessus d'eux, sur un madrier, un carton sur lequel était écrit: «Le commerce tuera le monde.»

Si les disparitions étaient résolues, cet écriteau n'aida pas à apaiser les esprits. Pour ma part, le cas de Paulo restait toujours en suspens. Les jours passant, mon inquiétude demeurait et l'ennui me gagnait. Car depuis les deux dernières années, Paulo avait été au centre de ma vie. Je lui avais consacré tout mon temps, mes pensées et mes efforts. En plus, Tibi se faisait discret. Je ne le voyais qu'à de rares occasions, s'occupant à un atelier de meubles qu'il avait mis sur pied avec un ami. La disparition de Paulo ne semblait pas le troubler outre mesure. Enfin, du moins, en apparence. C'était comme si depuis longtemps il s'était fait à l'idée que cela devait arriver. Pour lui, il avait rejoint un autre monde. Je me refusais encore à accepter cette idée, repoussant à la limite cette conviction, qui habite beaucoup de gens, au sujet d'une fatalité. Pour chasser le noir et blanchir mes heures, je me mis également à la recherche de Clara. Depuis notre retour à Montréal, nous ne l'avions pas revue. Par pur hasard, j'appris qu'elle avait quitté les parages pour suivre Marcel au lac Saint-Jean de sa jeunesse. J'étais donc seul, tournant en rond avec mon inquiétude, et la tête pleine de souvenirs. C'est à travers eux que l'idée me vint de faire une pointe à Val-Morin, où, pensais-je, j'apprendrais peut-être quelque chose. Débarquant à l'arrêt, sur la 117, je retrouvai sans difficulté la route qui menait à l'atelier de l'amie Cunégonde. La maison était close, des panneaux recouvrant portes et fenêtres. Un voisin m'apprit alors son décès, survenu subitement, il y avait un mois. Décidément lorsque le malheur s'installe! Triste et abattu, je revins à Montréal. Nous étions alors au mois de novembre. Une fine neige recouvrait déjà les trottoirs. Un après-midi où je déambulais sans but, l'idée me vint d'aller rôder rue de Lanaudière. En m'informant, je repérai le fameux hangar. À ma grande surprise, aucun cadenas n'en obstruait l'ouverture. Je pénétrai, éclairé par la lumière du jour. En en faisant l'inspection, un éclat de lumière attira mon regard sur un objet qui traînait par terre. Le ramassant, je reconnus un canif qui avait appartenu à Paulo. Je me souvenais clairement du jour où il l'avait trouvé dans la grange. Que faisait-il là? Mille suppositions me vinrent à l'esprit. Son immense désenchantement, la drogue. Peut-être était-il troublé! Une terrible violence sommeille toujours chez les gens les plus doux. Je m'enfuis, me refusant à toute réponse, et je ne sus jamais ce qu'il était advenu de lui.

TABLE

COLLECTION FICTIONS

COLLECTION FICTIONS/ÉROTISME

ROMANS

Gilles Archambault, *Les pins parasols*
Gilles Archambault, *Le voyageur distrait*
Robert Baillie, *Des filles de Beauté*
Robert Baillie, *Soir de danse à Varennes*
Robert Baillie, *Les voyants*
Robert Baillie, *La nuit de la Saint-Basile*
François Barcelo, *Aaa, Aâh, Ha ou Les amours malaisées*
François Barcelo, *Agénor, Agénor, Agénor et Agénor*
Jean Basile, *Le Grand Khan*
Jean Basile, *La jument des Mongols*
Claude Beausoleil, *Dead Line*
Michel Bélair, *Franchir les miroirs*
Paul-André Bibeau, *La tour foudroyée*
Julien Bigras, *L'enfant dans le grenier*
Charlotte Boisjoli, *Jacinthe*
France Boisvert, *Les samourailles*
France Boisvert, *Li Tsing-tao ou Le grand avoir*
Christine Bonenfant, *Pour l'amour d'Émilie*
Réjean Bonenfant, Louis Jacob, *Les trains d'exils*
Roland Bourneuf, *Reconnaissances*
Marcelle Brisson, *Par delà la clôture*
Nicole Brossard, *L'amèr ou Le chapitre effrité*
Nicole Brossard, *Le désert mauve*
Marielle Brown-Désy, *Marie-Ange ou Augustine*
Gilbert Choquette, *L'étrangère ou Un printemps condamné*
Gilbert Choquette, *La mort au verger*
Gilbert Choquette, *La Nuit yougoslave*
Guy Cloutier, *La cavée*
Guy Cloutier, *La main mue*
Collectif, *Montréal des écrivains*
Diane-Jocelyne Côté, *Lobe d'oreille*
Diane-Jocelyne Côté, *Chameau et Cie*
Richard Cyr, *Appelez-moi Isaac*
Norman Descheneaux, *Fou de Cornélia*
Norman Descheneaux, *Rosaire Bontemps*
Jean Désy, *La saga de Freydis Karlsevni*
Renée-Berthe Drapeau, *N'entendre qu'un son*
Marie-France Dubois, *Le passage secret*
France Ducasse, *Du lieu des voyages*
David Fennario, *Sans parachute*
Andrée Ferretti, *Renaissance en Paganie*
Andrée Ferretti, *La vie partisane*
Jacques Ferron, *Les confitures de coings*
Jacques Ferron, *Papa Boss* suivi de *La créance*
Lise Fontaine, *États du lieu*
Lucien Francœur, *Roman d'amour*
Lucien Francœur, *Suzanne, le cha-cha-cha et moi*
Marie-B. Froment, *Les trois courageuses Québécoises*
Madeleine Gaudreault Labrecque, *La dame de pique*
Marc Gendron, *Opération New York*
Louis Geoffroy, *Être ange étrange*
Louis Geoffroy, *Un verre de bière mon minou*
Robert G. Girardin, *L'œil de Palomar*
Robert G. Girardin, *Peinture sur verbe*
Arthur Gladu, *Tel que j'étais...*

Gérald Godin, *L'ange exterminé*
Marcel Godin, *Après l'Éden*
Marcel Godin, *Maude et les fantômes*
Luc Granger, *Amatride*
Luc Granger, *Ouate de phoque*
Pierre Gravel, *À perte de temps*
Pierre Gravel, *La fin de l'Histoire*
Jean Hallal, *Le décalage*
Thérèse Hardy, *Mémoires d'une relocalisée*
Pauline Harvey, *Pitié pour les salauds!*
Suzanne Jacob, *Flore cocon*
Louis Jacob, *Les temps qui courent*
Claude Jasmin, *Les cœurs empaillés*
Claude Jasmin, *Pleure pas, Germaine*
Claude Jasmin, *Le gamin*
Monique Juteau, *En moins de deux*
Yerry Kempf, *Loreley*
Louis Landry, *Vacheries*
Claude Leclerc, *Piège à la chair*
Luc Lecompte, *Le dentier d'Énée*
Réjean Legault, *Lapocalypse*
Francine Lemay, *La falaise*
Marie Letellier, *On n'est pas des trous-de-cul*
Raymond Lévesque, *Lettres à Éphrem*
Andrée Maillet, *Lettres au surhomme*
Andrée Maillet, *Miroir de Salomé*
Andrée Maillet, *Les Montréalais*
Andrée Maillet, *Profil de l'orignal*
Andrée Maillet, *Les remparts de Québec*
André Major, *Le cabochon*
André Major, *La chair de poule*
Jacques Marchand, *Le premier mouvement*
Émile Martel, *La théorie des trois ponts*
Luc Mercure, *Entre l'aleph et l'oméga*
Joëlle Morosoli, *Le ressac des ombres*
Madeleine Ouellette-Michalska, *La femme de sable*
Madeleine Ouellette-Michalska, *Le plat de lentilles*
Paul Paré, *L'antichambre et autres métastases*
Alice Parizeau, *Fuir*
Pierre Perrault, *Toutes isles*
Léa Pétrin, *Tuez le traducteur*
Alphonse Piché, *Fables*
Simone Piuze, *Les noces de Sarah*
Jacques Renaud, *Le cassé et autres nouvelles*
Jacques Renaud, *En d'autres paysages*
Jacques Renaud, *Le fond pur de l'errance irradie*
Jean-Jules Richard, *Journal d'un hobo*
Claude Robitaille, *Le corps bissextil*
Claude Robitaille, *Le temps parle et rien ne se passe*
Saâdi, *Contes d'Orient*
Pierre Savoie, *Autobiographie d'un bavard*
Jean Simoneau, *Laissez venir à moi les petits gars*
Julie Stanton, *Miljours*
François Tétreau, *Le lit de Procuste*
Claude Vaillancourt, *Le Conservatoire*
Pierre Vallières, *Noces obscures*
Yolande Villemaire, *Vava*
Paul Zumthor, *Les contrebandiers*
Paul Zumthor, *La fête des fous*

COLLECTION ESSAIS LITTÉRAIRES

Micheline Cambron, *Une société, un récit*
Guy Cloutier, *Entrée en matière(s)*
Dominique Garand, *La griffe du polémique*
Gilles Marcotte, *Littérature et circonstances*
Pierre Milot, *La camera obscura du postmodernisme*
Pierre Ouellet, *Chutes*
Lucien Parizeau, *Périples autour d'un langage*
Robert Richard, *Le corps logique de la fiction*

COLLECTION POLITIQUE ET SOCIÉTÉ

Louis Balthazar, *Bilan du nationalisme au Québec*
Jean Mercier, *Les Québécois entre l'État et l'entreprise*
Paul Warren, *Le secret du star system américain, une stratégie du regard*

COLLECTION GÉRALD GODIN

Robert Hébert, *L'Amérique française devant l'opinion, 1756-1960*
Jules Léger, *Jules Léger parle*

COLLECTION ITINÉRAIRES

Anne-Marie Alonzo, *L'immobile*
Élaine Audet, *La passion des mots*
Denise Boucher, *Lettres d'Italie*
Jean-Claude Dussault, *L'Inde vivante*
Arthur Gladu, *Tel que j'étais...*
Suzanne Lamy, *Textes*
Roland et Réjean Legault, *Père et fils*
Johnny Montbarbut, *Si l'Amérique française m'était contée*
Pierre Perrault, *La grande allure, 1. De Saint-Malo à Bonavista*
Pierre Perrault, *La grande allure, 2. De Bonavista à Québec*
Pierre Trottier, *Ma Dame à la licorne*

COLLECTION RENCONTRE QUÉBÉCOISE INTERNATIONALE DES ÉCRIVAINS

Collectif: *Écrire l'amour*
               L'écrivain et l'espace
               La tentation autobiographique
               Écrire l'amour 2
               La solitude
               L'écrivain et la liberté

COLLECTION CENTRE DE RECHERCHE EN LITTÉRATURE QUÉBÉCOISE (CRELIQ)

Maurice Arguin, *Le roman québécois de 1944 à 1965. Symptômes du colonialisme et signes de libération*
François Dumont, *L'éclat de l'origine. La poésie de Gatien Lapointe*
Lise Vekeman, *Soi mythique et soi historique: deux récits de vie d'écrivains*
Claude Viel, *L'arbre à deux têtes ou La quête de l'androgyne dans* Forges froides *de Paul Chanel Malenfant*

ESSAIS

COLLECTION RÉTROSPECTIVES

Michel Beaulieu, *Desseins,* poèmes 1961-1966
Réginald Boisvert, *Poèmes pour un homme juste,* 1949-1985
Nicole Brossard, *Le centre blanc,* poèmes 1965-1975
Nicole Brossard, *Double impression,* poèmes et textes 1967-1984
Yves-Gabriel Brunet, *Poésie I,* poèmes 1958-1962
Cécile Cloutier, *L'écouté,* poèmes 1960-1983
Juan Garcia, *Corps de gloire,* poèmes 1963-1988
Michel Gay, *Calculs,* poèmes 1978-1986
Louis Geoffroy, *Le saint rouge et la pécheresse,* poèmes 1963-1974
Roland Giguère, *L'âge de la parole,* poèmes 1949-1960
Jacques Godbout, *Souvenirs Shop,* poèmes et proses 1956-1980
Gérald Godin, *Ils ne demandaient qu'à brûler,* poèmes 1960-1986
Alain Grandbois, *Poèmes,* poèmes 1944-1969
Paul-Marie Lapointe, *Le réel absolu,* poèmes 1948-1965
Isabelle Legris, *Le sceau de l'ellipse,* poèmes 1943-1967
Olivier Marchand, *Par détresse et tendresse,* poèmes 1953-1965
Pierre Morency, *Quand nous serons,* poèmes 1967-1978
Fernand Ouellette, *En la nuit, la mer,* poèmes 1972-1980
Fernand Ouellette, *Poésie,* poèmes 1953-1971
Pierre Perrault, *Chouennes,* poèmes 1961-1971
Pierre Perrault, *Gélivures,* poésie
Alphonse Piché, *Poèmes,* poèmes 1946-1968
Yves Préfontaine, *Parole tenue,* poèmes 1954-1985
Jacques Renaud, *Les cycles du Scorpion,* poèmes et proses 1960-1987
Fernande Saint-Martin, *La fiction du réel,* poèmes 1953-1975
Michel van Schendel, *De l'œil et de l'écoute,* poèmes 1956-1976
Gemma Tremblay, *Poèmes,* poèmes 1960-1972
Pierre Trottier, *En vallées closes,* poèmes 1951-1986

COLLECTION PARCOURS

Claude Haeffely, *La pointe du vent*

ANTHOLOGIES

Lucien Francœur, *Vingt-cinq poètes québécois, 1968-1978*
Robert Hébert, *L'Amérique française devant l'opinion étrangère, 1756-1960*
Laurent Mailhot, Pierre Nepveu, *La poésie québécoise des origines à nos jours*
Jean Royer, *La poésie québécoise contemporaine*

COLLECTION DE POCHE TYPO

1. Gilles Hénault, *Signaux pour les voyants*, poésie, préface de Jacques Brault (l'Hexagone)
2. Yolande Villemaire, *La vie en prose*, roman (Les Herbes rouges)
3. Paul Chamberland, *Terre Québec* suivi de *L'afficheur hurle*, de *L'inavouable* et d'*Autres poèmes*, poésie, préface d'André Brochu (l'Hexagone)
4. Jean-Guy Pilon, *Comme eau retenue*, poésie, préface de Roger Chamberland (l'Hexagone)
5. Marcel Godin, *La cruauté des faibles*, nouvelles (Les Herbes rouges)
6. Claude Jasmin, *Pleure pas, Germaine*, roman, préface de Gérald Godin (l'Hexagone)
7. Laurent Mailhot, Pierre Nepveu, *La poésie québécoise*, anthologie (l'Hexagone)
8. André-G. Bourassa, *Surréalisme et littérature québécoise*, essai (Les Herbes rouges)
9. Marcel Rioux, *La question du Québec*, essai (l'Hexagone)
10. Yolande Villemaire, *Meurtres à blanc*, roman (Les Herbes rouges)
11. Madeleine Ouellette-Michalska, *Le plat de lentilles*, roman, préface de Gérald Gaudet (l'Hexagone)
12. Roland Giguère, *La main au feu*, poésie, préface de Gilles Marcotte (l'Hexagone)
13. Andrée Maillet, *Les Montréalais*, nouvelles (l'Hexagone)
14. Roger Viau, *Au milieu, la montagne*, roman, préface de Jean-Yves Soucy (Les Herbes rouges)
15. Madeleine Ouellette-Michalska, *La femme de sable*, nouvelles (l'Hexagone)
16. Lise Gauvin, *Lettres d'une autre*, essai/fiction, préface de Paul Chamberland (l'Hexagone)
17. Fernand Ouellette, *Journal dénoué*, essai, préface de Gilles Marcotte (l'Hexagone)
18. Gilles Archambault, *Le voyageur distrait*, roman (l'Hexagone)
19. Fernand Ouellette, *Les heures*, poésie (l'Hexagone)
20. Gilles Archambault, *Les pins parasols*, roman (l'Hexagone)
21. Gilbert Choquette, *La mort au verger*, roman, préface de Pierre Vadeboncœur (l'Hexagone)
22. Nicole Brossard, *L'amèr ou Le chapitre effrité*, théorie/fiction, préface de Louise Dupré (l'Hexagone)
23. François Barcelo, *Agénor, Agénor, Agénor et Agénor*, roman (l'Hexagone)
24. Michel Garneau, *La plus belle île* suivi de *Moments*, poésie (l'Hexagone)
25. Jean Royer, *Poèmes d'amour*, poésie, préface de Noël Audet (l'Hexagone)
26. Jean Basile, *La jument des Mongols*, roman, préface de Carole Massé (l'Hexagone)
27. Denise Boucher, Madeleine Gagnon, *Retailles*, essais/fiction (l'Hexagone)
28. Pierre Perrault, *Au cœur de la rose*, théâtre, préface de Madeleine Greffard (l'Hexagone)
29. Roland Giguère, *Forêt vierge folle*, poésie, préface de Jean-Marcel Duciaume (l'Hexagone)
30. André Major, *Le cabochon*, roman (l'Hexagone)
31. Collectif, *Montréal des écrivains*, fiction, présentation de Louise Dupré, Bruno Roy, France Théoret (l'Hexagone)
32. Gilles Marcotte, *Le roman à l'imparfait*, essai (l'Hexagone)
33. Berthelot Brunet, *Les hypocrites*, roman, préface de Gilles Marcotte (Les Herbes rouges)
34. Jean Basile, *Le Grand Khān*, roman, préface de Carole Massé (l'Hexagone)
35. Raymond Lévesque, *Quand les hommes vivront d'amour...*, chansons et poèmes, préface de Bruno Roy (l'Hexagone)
36. Louise Bouchard, *Les images*, récit (Les Herbes rouges)
37. Jean Basile, *Les voyages d'Irkoutsk*, roman, préface de Carole Massé (l'Hexagone)
38. Denise Boucher, *Les fées ont soif*, théâtre, introduction de Lise Gauvin, préface de Claire Lejeune (l'Hexagone)
39. Nicole Brossard, *Picture Theory*, théorie/fiction, préface de Louise H. Forsyth (l'Hexagone)
40. Robert Baillie, *Des filles de Beauté*, roman, entretien avec Jean Royer (l'Hexagone)
41. Réjean Bonenfant, *Un amour de papier*, roman, préface de Gérald Gaudet (l'Hexagone)
42. Madeleine Ouellette-Michalska, *L'échappée des discours de l'œil*, essai (l'Hexagone)
43. Réjean Bonenfant, Louis Jacob, *Les trains d'exils*, roman, postface de Louise Blouin (l'Hexagone)
44. Berthelot Brunet, *Le mariage blanc d'Armandine*, contes (Les Herbes rouges)
45. Jean Hamelin, *Les occasions profitables*, roman (Les Herbes rouges)
46. Fernand Ouellette, *Tu regardais intensément Geneviève*, roman, préface de Joseph Bonenfant (l'Hexagone)
47. Jacques Ferron, *Théâtre I*, introduction de Jean Marcel (l'Hexagone)
48. Paul-Émile Borduas, *Refus global et autres écrits*, essais, présentation d'André-G. Bourassa et de Gilles Lapointe (l'Hexagone)
49. Jacques Ferron, *Les confitures de coings*, récits (l'Hexagone)

Cet ouvrage composé en Times corps 12
a été achevé d'imprimer
sur les presses de l'Imprimerie Gagné
à Louiseville en octobre 1990
pour le compte des
Éditions de l'Hexagone

Imprimé au Québec (Canada)